Sigmund Freud présenté par lui-même

Traduit de l'allemand
par Fernand Cambon

Gallimard

DIE MEDIZIN DER GEGENWART

IN SELBSTDARSTELLUNGEN

HERAUSGEGEBEN VON

PROF. DR. L. R. GROTE

CHEFARZT DES SANATORIUMS DR. LAHMANN
WEISSER HIRSCH-DRESDEN

*

* *

*

FREUD (WIEN) · GOTTSTEIN (BERLIN)
HEUBNER (DRESDEN) · v. KRIES (FREIBURG I. BR.)
MUCH (HAMBURG) · ORTNER (Wien)

VERLAG VON FELIX MEINER / LEIPZIG 1925

Sigismund Freud naît à Freiberg (Moravie) le 6 mai 1856 (vingt ans plus tard, il changera son prénom en Sigmund). Il a quatre ans quand sa famille émigre à Vienne. Il ne quittera cette ville qu'en 1938, au lendemain de l'*Anschluss,* pour trouver refuge à Londres, où il meurt le 23 décembre 1939.

Médecin, Freud s'est d'abord spécialisé dans l'anatomie et la physiologie du système nerveux. En 1885, il est nommé *Privatdozen* en neuropathologie. Après son stage à Paris dans le service de Charcot, dont il traduira les fameuses *Leçons du mardi,* il s'oriente davantage vers la psychopathologie et l'étude des névroses, notamment de l'hystérie. Il renonce progressivement à l'hypnose et à la suggestion pour la méthode dite des « associations libres ». En 1896, apparaît pour la première fois dans un article publié en français le mot « psycho-analyse ».

Beaucoup plus tard, Freud définira ainsi la psychanalyse qu'il a fondée :

1° procédé par l'investigation de processus psychiques à peu près inaccessibles autrement ;

2° méthode fondée sur cette investigation pour le traitement des désordres névrotiques ;

3° série de conceptions psychologiques acquises par ce moyen et qui s'accroissent ensemble pour former progressivement une nouvelle discipline scientifique.

L'œuvre de Freud, en constante évolution, couvre un champ immense : du rêve à l'art, de la névrose au processus civilisateur, de la psychopathologie de la vie quotidienne à la psychologie des masses.

Note *liminaire*

Éditions allemandes :

1925, dans *Die Medizin der Gegenwart in Selbstdarstellungen (La Médecine contemporaine en autoprésentations)*, édité par le Dr L. P. Grote, tome IV, p. 1-52, Leipzig, Meiner.

1928, *Gesammelte Schriften,* tome XI, p. 119-182.

1934, sous forme de livre avec le titre de *Selbstdarstellung,* Leipzig, Vienne et Zurich, Internationaler Psychoanalytischer Verlag. 52 pages.

1936, deuxième édition, Vienne, Internationaler Psychoanalytischer Verlag. 107 pages. Avec des notes nouvelles et d'autres ajouts, édition incluant le *Nachschrift 1935* (voir ci-dessous).

1946, Londres, Imago Publishing Co., Ltd. Réimpression de l'édition précédente avec des illustrations. 107 pages.

1948, *Gesammelte Werke,* tome XIV, p. 33-96. Avec les notes nouvelles de la deuxième édition, mais sans les autres ajouts. (Pour *Nachschrift 1935* voir ci-dessous.)

1935, *Nachschrift 1935 (Post-scriptum de 1935). Almanach der Psychoanalyse 1936,* Vienne, Internationaler Psychoanalytischer Verlag, 1935, p. 9-14.

1936, dans *Selbstdarstellung,* deuxième édition (voir ci-dessus), p. 102-107.

9

1946, dans la réimpression de Londres citée ci-dessus.
1950, *Gesammelte Werke,* tome XVI, p. 31-34.

Les deux textes manquent dans *Studienausgabe.*

Traduction française :

1928, *Ma vie et la psychanalyse,* suivi de « Psychanalyse et
médecine », traduit de l'allemand par Marie Bonaparte,
Paris, Gallimard, coll. Les Documents bleus, n° 45,
185 pages. — *Ma vie et la psychanalyse,* qui traduit
Selbstdarstellung, occupe les pages 10 à 88. Le texte
traduit celui de 1925 ; il ne comprend ni les notes ni les
autres ajouts ultérieurs de Freud.
1949, *idem,* Paris, Gallimard, coll. Les Essais, n° 37.
1968, *idem,* Paris, Gallimard, coll. Idées, n° 169.

Le *Post-scriptum de 1935 (Nachschrift 1935)* manque dans
les trois éditions. Il est inédit en français.

Traduction anglaise :

1927, *An Autobiographical Study* dans *The Problem of Lay-
Analyses,* New York, Brentano, p. 189 à 316. Traduit
par James Strachey.
1935, *An Autobiographical Study,* Londres, Hogarth Press,
137 pages. Même traduction, revue, avec des notes nouvelles et d'autres ajouts, édition incluant le *Postscript
(1935) (Nachschrift 1935).*
1935, *Autobiography,* New York, Norton and Co., 153 pages.
Titre modifié, mais même texte que ci-dessus.
1959, *An Autobiographical Study,* traduit de l'allemand par
James Strachey, Londres, Hogarth Press, The Standard

Edition of the Complete Psychological Works of Sigmund Freud, tome 20, p. 7-70.
1959, *Postscript (1935), ibidem,* p. 71-74.

À partir de 1923, la maison Meiner de Leipzig publia des recueils de monographies intitulés *Die Medizin der Gegenwart in Selbstdarstellungen* (littéralement : « La Médecine contemporaine en autoprésentations »), édités par le Dr L. P. Grote. Chaque volume était formé de contributions dues à des médecins réputés dans leur spécialité et exposant les orientations et les résultats de leurs travaux. Celle de Freud ouvrait le quatrième volume de la série, qui parut en 1925 (voir frontispice).

Le titre même de l'écrit, *Selbstdarstellung,* n'est donc pas de Freud. Pour éviter des intitulés comme « Autobiographie » ou « Autoportrait », qui n'eussent correspondu ni au terme allemand ni au contenu de l'opuscule, nous avons choisi la formule *Sigmund Freud présenté par lui-même.*

L'exposé de Freud fut traduit en anglais par James Strachey peu après sa publication en allemand, et parut, en 1927, à New York chez Brentano sous le titre de *An Autobiographical Study.* Le volume comprenait en outre un autre essai de Freud, la traduction de *Die Frage der Laienanalyse, The Problem of Lay-Analyses,* qui donnait son titre à l'ouvrage.

Huit ans plus tard, *An Autobiographical Study* fut repris seul, par Hogarth Press, qui demanda à Freud de revoir et mettre à jour son texte. Freud y apporta un certain nombre d'ajouts (que nous signalons) et l'enrichit de notes. Ces adjonctions au texte primitif parurent en anglais avant de figurer dans le texte allemand.

Le tome XI des *Gesammelte Schriften* (1928) ne donne, bien entendu, que le texte de la première édition. Le volume XIV des *Gesammelte Werke,* paru en 1948, donne une reproduction photographique de la version des *Gesammelte Schriften,* en y ajoutant en bas de page les notes de 1935, mais non pas les ajouts introduits par Freud dans son premier texte. Les éditions de 1936 et de 1946 comprennent en revanche les notes et autres ajouts rédigés en 1935.

Comme aux États-Unis, la *Selbstdarstellung* parut en France sous la même couverture que la traduction de *Die Frage der Laienanalyse,* devenue en français *Psychanalyse et médecine.* Le titre de *Selbstdarstellung* était alors *Ma vie et la psychanalyse.* Comme nous l'indiquons plus haut, les éditions de 1949 et 1968 ne font que reprendre la traduction de 1928; elles ne comprennent ni les notes de Freud ni les ajouts introduits dans le texte, ni non plus le *Post-scriptum de 1935.* La traduction était accompagnée d'une Bibliographie sommaire établie par Freud, que nous ne reprenons pas.

Notre nouvelle édition sépare *Sigmund Freud présenté par lui-même* de *La Question de l'analyse profane,* comme Freud semble en exprimer lui-même le désir dans son *Post-scriptum de 1935.*

Nous savons que Freud écrivit le présent essai en août et en septembre 1924. Il parut en février 1925. Le *Post-scriptum* fut achevé en mai 1935 et parut d'abord, lui aussi, en traduction anglaise.

Plusieurs des personnes qui ont collaboré à ce recueil d'« autoprésentations »[a] introduisent leur contribution par quelques remarques méditatives sur la particularité et la difficulté de la tâche ainsi assumée. Je crois que je peux dire que ma tâche à moi est encore grevée par une difficulté supplémentaire, car j'ai déjà publié à plusieurs reprises des études semblables à celle qui m'est demandée ici, et il a résulté de la nature de l'objet qu'il y était plus question de mon rôle personnel que ne le veut l'usage ou qu'il ne paraît nécessaire.

J'ai donné une première présentation de l'évolution et du contenu de la psychanalyse en 1909 au cours de cinq conférences faites à la Clark University de Worcester, Mass., où j'avais été appelé pour fêter le vingtième anniversaire de la fondation

* Les numéros en marge sont ceux des pages des *Gesammelte Werke*, tome XIV.

Les notes appelées par des chiffres sont de Freud. Celles appelées par des lettres sont des notes de traduction ou d'édition.

a. Voir *Note liminaire*, p. 11.

de l'institution [1]. C'est récemment seulement que j'ai cédé à la tentation de fournir à un recueil américain une contribution sur le même sujet, parce que cette publication, *Sur les débuts du vingtième siècle,* avait reconnu l'importance de la psychanalyse en lui accordant un chapitre particulier [2]. Entre les deux prend place un écrit, *Contribution à l'histoire du mouvement psychanalytique,* de 1914 [3], qui contient à vrai dire l'essentiel de tout ce que j'aurais à communiquer en la présente occasion. Étant tenu de ne pas me contredire et peu désireux de me répéter sans rien modifier, je dois essayer de trouver à présent un nouveau dosage entre présentation subjective et objective, entre intérêt biographique et historique [b].

Je suis né le 6 mai 1856 à Freiberg en Moravie, une petite bourgade de l'actuelle Tchécoslovaquie. Mes parents étaient juifs, je suis également resté juif. Pour ce qui est de ma famille paternelle, je crois savoir qu'elle a longtemps vécu au bord du

1. Paru en anglais dans l'*American Journal of Psychology* 1910, en allemand sous le titre *Über Psychoanalyse* chez F. Deuticke, Vienne, 7e édition, 1924. (Cf. *Gesammelte Werke,* tome VIII; trad. fr. *Cinq leçons sur la psychanalyse,* Payot.) (1910 *a*.)

2. *These Eventful Years. The Twentieth Century in the Making as Told by Many of its Makers.* Two volumes. London and New York, The Encyclopaedia Britannica Company. Mon essai, traduit par le Dr. A. A. Brill, constitue le chap. LXXIII du deuxième tome. (Cf. *Gesammelte Werke,* tome XIII, « Kurzer Abriss der Psychoanalyse » [Bref précis de psychanalyse], 1924 *f*.)

3. Paru dans le *Jahrbuch der Psychoanalyse,* tome VI.

b. Dans les éditions de 1924, 1928 et 1948, le reste de ce chapitre était imprimé en petits caractères.

Rhin (à Cologne), qu'à la suite d'une persécution elle s'est enfuie vers l'est au XIVᵉ ou au XVᵉ siècle, et qu'au cours du XIXᵉ siècle, elle a entrepris de réintégrer progressivement la partie allemande de l'Autriche à partir de la Lituanie via la Galicie. C'est à l'âge de quatre ans que j'arrivai à Vienne où j'effectuai toute ma scolarité. Au lycée je fus premier de ma classe pendant sept ans, jouissant d'une position privilégiée et n'étant pratiquement jamais soumis à un examen. Bien que nous vécussions dans des conditions matérielles très précaires, mon père m'enjoignit de ne tenir compte que de mes seules inclinations pour ce qui était de mon choix d'une profession. Pendant ces années de jeunesse, pas plus du reste que par la suite, je n'éprouvai aucune prédilection particulière pour le statut et l'activité de médecin. J'étais plutôt mû par une sorte de désir de savoir, lequel se rapportait toutefois plus à la condition humaine qu'à des objets naturels et qui n'avait pas reconnu la valeur de l'observation comme principal moyen de se satisfaire. Le fait que je me plongeai très tôt [c], à peine terminé l'apprentissage de la lecture, dans l'étude de l'histoire biblique, a déterminé d'une manière durable, comme je m'en suis aperçu par la suite, l'orientation de mes intérêts. Sous l'influence puissante d'une relation d'amitié avec un condisciple un peu plus âgé,

---

c. Cette phrase ainsi que la suivante furent ajoutées en 1935. Elles furent accidentellement omises dans l'édition allemande de 1948 (*G.W.* XIV, 34).

qui fit plus tard parler de lui comme politicien, je voulus étudier le droit comme lui et m'adonner à des activités sociales. Cependant, la doctrine de Darwin, qui était alors d'actualité, exerçait sur moi un attrait puissant, parce qu'elle promettait une extraordinaire avancée dans la compréhension du monde, et je sais que c'est l'exposé du bel essai de Goethe « La Nature », au cours d'une conférence de vulgarisation donnée par le professeur Carl Brühl [d] peu avant que je ne passasse le baccalauréat, qui décida de mon inscription en médecine.

L'Université, où j'entrai en 1873, m'apporta d'abord quelques vives déceptions. Je fus avant tout en butte à l'idée qu'en tant que juif, je devais me ressentir inférieur et comme ne faisant pas partie de la communauté du peuple. Je rejetai catégoriquement le premier point. Je n'ai jamais compris pourquoi j'aurais dû avoir honte de mon origine ou — comme on commençait à dire — de ma race. Quant à l'appartenance à la communauté du peuple qui m'était refusée, j'y renonçai sans beaucoup de regret. J'étais d'avis que pour un collaborateur zélé devait bien se trouver une petite place au sein de l'humanité, même sans une telle intégration. Mais

d. Ce nom fut inséré en 1935, mais omis en 1948. — Selon Pestalozzi (1956), le véritable auteur de cet essai (rédigé en 1780) était l'écrivain suisse G. C. Tobler. Goethe tomba par hasard dessus un demi-siècle plus tard, et par un effet de paramnésie, l'inclut dans ses propres œuvres. On dit que Freud écrivit un compte rendu de cette conférence pour un journal viennois; mais on n'en a pas retrouvé la trace. Voir Jones, 1953, 31 n.

une conséquence importante pour la suite, de ces premières impressions à l'Université, fut que, de la sorte, je me familiarisai précocement avec le destin de me trouver dans l'opposition et d'être mis au ban de la « majorité compacte [e] ». Cela prépara la voie à une certaine indépendance du jugement.

Par ailleurs, je fus contraint, au cours de mes premières années d'Université, de faire l'expérience que la spécificité et l'étroitesse de mes dons m'interdisaient tout succès dans plusieurs disciplines scientifiques sur lesquelles, dans un juvénile excès de zèle, je m'étais précipité. J'appris ainsi à reconnaître la vérité de l'admonestation de Méphisto :

Vergebens, dass ihr ringsum wissenschaftlich schweift,
Ein jeder lernt nur, was er lernen kann [f].

C'est dans le laboratoire de physiologie d'Ernst Brücke [g] que je trouvai enfin paix et pleine satisfaction, ainsi que les personnes que je pus respecter et prendre pour modèles : le grand Brücke lui-même et ses assistants Sigm. Exner [h] et Ernst von Fleischl-Marxow [i], dont le second, personnalité brillante,

e. Freud se réfère ici à l'œuvre d'Ibsen *L'Ennemi du peuple.*
f. Goethe, *Faust,* Première partie, scène IV, v. 2015-2016 :
C'est en vain que vous baguenaudez à l'entour dans les sciences,
Chacun n'apprend que ce qu'il peut apprendre.
g. Ernst Wilhelm von Brücke (1819-1892), professeur de physiologie.
h. Sigmund Exner (1846-1926) succéda à Brücke comme professeur de physiologie.
i. Ernst Fleischl von Marxow (1840-1891), physicien et physiologiste.

m'honora même de son amitié [j]. Brücke me soumit un problème dans le domaine de l'histologie du système nerveux, que je fus capable de résoudre à sa satisfaction et de prolonger de manière autonome. Je travaillai dans cet institut de 1876 à 1882 avec quelques brèves interruptions, et passai dans l'opinion générale pour être tout désigné à occuper le premier poste d'assistant qui deviendrait vacant. Les spécialités proprement médicales ne m'attiraient pas – à l'exception de la psychiatrie. Je ne m'adonnai aux études médicales qu'avec pas mal de négligence, de sorte que ce n'est qu'en 1881, donc avec quelque retard, que je fus promu docteur en médecine.

Un tournant intervint en 1882, lorsque mon professeur vénéré par-dessus tout infléchit la légèreté magnanime de mon père, en m'exhortant de manière pressante, eu égard à ma mauvaise situation matérielle, à abandonner la carrière théorique. Je suivis son conseil, quittai le laboratoire de physiologie et entrai comme *aspirant* à l'Hôpital général [k]. Là je fus promu interne [*Sekundararzt*] au bout de quelque temps, et travaillai dans divers services, ainsi qu'un peu plus d'un semestre auprès de Meynert [l], dont l'œuvre et la personnalité m'avaient déjà fasciné quand j'étais étudiant.

j. La partie de la phrase qui fait suite aux deux points fut ajoutée en 1935, mais omise en 1948.
k. L'Hôpital général de Vienne.
l. Theodor Meynert (1833-1892), professeur de psychiatrie.

En un certain sens, je restai cependant fidèle à mon orientation première. Brücke m'avait fixé comme objet d'étude la moelle épinière d'un des poissons les plus rudimentaires *(ammocoetes-petromyzon [m])*, je passai maintenant au système nerveux central de l'homme sur la texture complexe duquel les découvertes de Flechsig concernant la formation non simultanée des gaines médullaires jetaient alors justement une vive lumière. Le fait que je commençai par choisir comme objet la seule *medulla oblongata* s'inscrivait également dans la ligne de mes débuts. Tout à fait à l'opposé du caractère dispersé de mes études pendant mes premières années d'Université, je développai maintenant une tendance à concentrer mon travail de manière exclusive sur une matière ou un problème. Cette tendance m'est restée et m'a valu plus tard le reproche d'unilatéralité.

J'étais maintenant, à l'institut d'anatomie du cerveau, un travailleur tout aussi zélé qu'autrefois à l'institut de physiologie. De petits travaux sur le trajet des fibres et les origines des noyaux dans l'*oblongata* [n] ont vu le jour pendant ces années d'hôpital et ont d'ailleurs été relevés par Edinger [o]. Un jour, Meynert, qui m'avait ouvert son laboratoire même à l'époque où je ne travaillais pas dans son service, me convia à me consacrer définitivement à

m. Freud, 1877*a* et 1878*a*.

n. Freud, 1885*d*, 1886*b* et 1886*c*.

o. Ludwig Edinger (1855-1918), professeur berlinois de neuro-anatomie.

36

l'anatomie cérébrale; il me promettait de me céder sa chaire, car il se sentait trop vieux pour manier les méthodes nouvelles. Je refusai, effrayé par l'ampleur de la tâche; il se peut par ailleurs que j'eusse alors déjà deviné que cet homme génial n'était pas du tout favorablement disposé à mon égard.

Du point de vue pratique, l'anatomie cérébrale n'était certainement pas un progrès par rapport à la physiologie. Je fis droit aux impératifs matériels en entamant l'étude des maladies nerveuses. Cette spécialité était à l'époque peu pratiquée à Vienne, le matériel à étudier était dispersé entre plusieurs services de maladies internes, il n'y avait pas de bonne occasion de se former, il fallait être son propre professeur. Nothnagel [p] non plus, qu'on avait nommé là peu de temps auparavant à cause de son livre sur les localisations cérébrales [q], ne privilégiait pas la neuropathologie par rapport à d'autres domaines partiels de la médecine des maladies internes. Dans le lointain resplendissait le grand nom de Charcot, et je formai ainsi le projet d'acquérir sur place la charge d'enseignement [*Dozentur*] pour les maladies nerveuses et d'aller ensuite à Paris pour y poursuivre ma formation.

Dans les années qui suivirent alors, pendant mon service d'internat, je publiai un certain nombre d'observations de cas de maladies organiques du système nerveux. Peu à peu, je me familiarisai avec ce

p. Hermann Nothnagel (1841-1905), professeur de médecine.
q. Nothnagel, 1879.

20

domaine; je m'entendais à localiser un foyer dans l'*oblongata* avec une telle exactitude que le spécialiste d'anatomie pathologique n'avait rien à ajouter; je fus le premier à Vienne à envoyer à la dissection un cas diagnostiqué comme polynévrite aiguë. La renommée de mes diagnostics confirmés par l'autopsie fit affluer chez moi des médecins américains, à qui je fis quelques cours dans une sorte de pidgin-english, à partir de quelques malades de mon service. Aux névroses, je n'entendais rien. Lorsqu'un jour, je présentai à mes auditeurs un névrosé souffrant d'une céphalalgie fixe comme un cas de méningite circonscrite chronique, ils se détournèrent de moi en proie à une révolte critique justifiée, et mon activité pédagogique prématurée toucha ainsi à son terme. Il faut remarquer à ma décharge que c'était l'époque où, à Vienne, même de plus grandes autorités que moi avaient coutume de diagnostiquer la neurasthénie comme une tumeur cérébrale.

Au printemps 1885, j'obtins le titre de « *Dozent* » en neuropathologie sur la base de mes travaux histologiques et cliniques. Peu de temps après me fut attribuée, grâce à l'entremise chaleureuse de Brücke, une bourse de voyage assez importante [r]. À l'automne de cette année, je partis pour Paris.

J'entrai à la Salpêtrière comme élève, mais, perdu au début dans le tout-venant des auditeurs venus de l'étranger, je suscitai peu d'attention. Un jour,

r. Cf. le compte tendu officiel que Freud fit de ses séjours à Paris et à Berlin (Freud, 1956*a* [1886]).

j'entendis Charcot exprimer son regret que le traducteur allemand de ses *Leçons* n'ait plus donné signe de vie depuis la guerre. Il serait heureux que quelqu'un se chargeât de la traduction allemande de ses *Nouvelles Leçons*. Je m'y offris par écrit; je me souviens encore que ma lettre renfermait une tournure disant que je n'étais affecté que d'une « aphasie motrice », mais non d'une « aphasie sensorielle du français ». Charcot m'accepta, me fit entrer dans ses relations privées et, à partir de là, je pus participer pleinement à tout ce qui se faisait à la clinique.

Tandis que j'écris cela, je reçois de nombreux essais et articles de journaux venus de France, qui témoignent de violentes oppositions à l'acceptation de la psychanalyse, et qui avancent souvent les affirmations les plus erronées quant à mon rapport à l'école française. C'est ainsi que je lis par exemple que j'aurais mis à profit mon séjour à Paris pour me familiariser avec les théories de P. Janet et que, muni de ce butin, j'aurais ensuite pris la fuite. C'est pourquoi je tiens à mentionner expressément que le nom de Janet n'a même pas été prononcé durant mon séjour à la Salpêtrière.

Parmi tout ce que j'ai vu chez Charcot, ce qui m'a le plus impressionné sont ses dernières investigations sur l'hystérie qui furent menées en partie encore sous mes yeux. Je veux parler de la démonstration de l'authenticité et de la régularité des phénomènes hystériques (« *Introite et hic dii sunt* [s] »), de l'occurrence fréquente de l'hystérie chez les hommes, la production de paralysies et de contractures hystériques par la suggestion hypnotique, la conclusion que ces produits artificiels présentent jusque dans le détail les mêmes caractères que les déclenchements spontanés, souvent provoqués par un traumatisme. Bien des démonstrations de Charcot avaient d'abord provoqué chez moi, comme chez d'autres auditeurs, de la perplexité et une tendance à la contradiction, que nous cherchions à étayer en nous référant à l'une des théories en cours. Il réfutait de telles objections, toujours avec amabilité et patience, mais aussi avec beaucoup de détermination; au cours de l'une de ces discussions fut lancé le mot : *Ça n'empêche pas d'exister,* qui s'est gravé en moi de manière inoubliable [t].

38

On sait qu'aujourd'hui, tout ne s'est pas maintenu de ce que Charcot nous enseignait alors. Certains points sont devenus incertains; d'autres n'ont manifestement pas résisté à l'épreuve du temps. Mais il en est resté tout un pan qui est considéré

s. « Entrez, ici aussi il y a des dieux. » Dans une lettre de Fliess du 4 décembre 1896 (Freud 1950a), Freud citait ces paroles comme un « fier exergue » à un chapitre sur la psychologie de l'hystérie, dans un livre qu'il projetait (mais n'écrivit jamais). Cette locution est plus habituellement citée sous la forme : « *Introite, nam et hic dii sunt.* » Elle fut utilisée par Lessing comme exergue à sa pièce *Nathan der Weise.* Aristote, in *De partib. animal.,* I, 5, l'attribue sous sa forme grecque à Héraclite.

t. Une note de Freud, dans une de ses traductions de Charcot (Freud, 1892-1893a), montre que cette remarque s'adressait à lui.

comme une acquisition durable de la science. Avant de quitter Paris, j'arrêtai avec le maître le plan d'un travail de comparaison entre les paralysies hystériques et organiques. Je voulais soutenir la thèse que, dans le cas de l'hystérie, les paralysies et les anesthésies de parties du corps isolées sont délimitées d'une manière qui correspond à la représentation commune (non anatomique) de l'homme. Il était d'accord, mais il était facile de voir qu'au fond, il n'était pas particulièrement enclin à une investigation plus approfondie de la psychologie de la névrose [u]. Il était en effet parti de l'anatomie pathologique.

Avant de retourner à Vienne, je séjournai quelques semaines à Berlin afin de glaner quelques notions sur les maladies générales de l'enfance. Kassowitz [v], qui dirigeait à Vienne un institut public pour les enfants malades, avait promis de m'y installer un service pour les maladies nerveuses des enfants. À Berlin, je trouvai auprès d'Ad. Baginsky [w] un accueil et un soutien amicaux. À l'Institut Kassowitz, j'ai publié au cours des années suivantes plusieurs ouvrages d'une certaine ampleur sur les paralysies cérébrales uni- et bilatérales des enfants [x]. C'est

u. Environ sept ans plus tard, Freud publia son article sur ce sujet, en français (1893c).

v. Max Kassowitz (1842-1913), pédiatre viennois.

w. Adolf Baginsky (1843-1918) était le directeur d'une revue de pédiatrie à laquelle Freud contribua par quelques comptes rendus d'ouvrages de neurologie.

x. Freud, 1891a et 1893b.

d'ailleurs à la suite de cela que Nothnagel me chargea plus tard, en 1897, de traiter de ce même sujet dans son grand *Manuel de la thérapie générale et spécialisée* [y].

En automne 1886, je m'installai comme médecin à Vienne et épousai la jeune fille qui m'avait attendu pendant plus de quatre ans dans une ville lointaine. Je dois ici, revenant en arrière, raconter que ce fut la faute de ma fiancée si je ne suis pas devenu célèbre dès ces années de jeunesse [z]. Un intérêt marginal mais profond m'avait poussé en 1884 à me faire procurer par Merck [a'] l'alcaloïde alors peu connu qu'était la cocaïne, afin d'en étudier les effets physiologiques. Au beau milieu de ce travail s'ouvrit pour moi l'occasion d'un voyage qui me permettrait de revoir ma fiancée dont j'avais été séparé pendant deux ans. Je terminai rapidement mon étude sur la cocaïne et insérai dans ma publication la prédiction qu'on aboutirait bientôt à d'autres utilisations de ce médicament. Mais j'engageai mon ami, l'ophtalmologiste L. Königstein [b'], à examiner dans quelle mesure les propriétés anesthésiantes de la cocaïne pouvaient s'appliquer à l'œil malade. Lorsque je revins de congé, je m'aperçus que ce

y. Freud, 1897*a*.
z. Cet épisode est longuement analysé dans le chap. VI de Jones, 1953.
a'. Firme chimique à Darmstadt. Pour la cocaïne, voir Freud, 1884*e*.
b'. Leopold Königstein (1850-1924), professeur d'ophtalmologie, fut un ami de Freud durant toute sa vie.

n'était pas lui, mais un autre ami, Carl Koller (actuellement à New York), à qui j'avais également parlé de la cocaïne, qui s'était livré à des expériences décisives sur l'œil animal et qui en avait fait la démonstration lors du congrès d'ophtalmologie de Heidelberg. C'est pourquoi Koller passe à juste titre pour l'inventeur de l'anesthésie locale par la cocaïne, qui est devenue si importante dans la petite chirurgie ; quant à moi, je n'ai pas gardé rancune à ma fiancée de cette occasion manquée [c'].

J'en reviens maintenant à mon installation comme neurologue à Vienne en 1886. M'incombait alors la tâche de faire à la « Société des médecins » un compte rendu de ce que j'avais vu et appris chez Charcot. Mais je me heurtai à un accueil hostile. Des personnages faisant autorité, tels que le président Bamberger, spécialiste des maladies internes, déclarèrent que ce que je racontais était incroyable. Meynert me somma de rechercher dans Vienne des cas semblables à ceux que je décrivais, et de les présenter à la Société. Ce que du reste je tentai, mais les médecins-chefs [*Primarärzte*] dans les services desquels je trouvai de tels cas me refusèrent l'autorisation de les observer ou de les traiter. L'un d'entre eux, un vieux chirurgien, s'exclama tout bonnement : « Mais, cher confrère, comment pou-

c'. L'édition de 1924 dit ici « *mein damaliges Versäumnis* » (mot à mot : mon occasion manquée d'alors). En 1935, cette formule se transforma en « *die damalige Störung* » (mot à mot : la perturbation, le dérangement d'alors). Ce changement est absent de l'édition de 1948.

vez-vous proférer de telles inepties! Hysteron (sic!) désigne pourtant l'utérus. Comment donc un homme peut-il être hystérique? » J'objectai en vain que tout ce que je demandais, c'était de pouvoir disposer du cas, et non de faire avaliser mon diagnostic. Je finis par dénicher hors de l'hôpital un cas d'hémianes-thésie hystérique classique chez un homme dont je fis la présentation à la « Société des médecins ». Cette fois, on m'applaudit, mais on ne m'en accorda pas plus d'intérêt. Mon impression que les grandes autorités avaient rejeté mes nouveautés n'en fut pas ébranlée; avec mon hystérie masculine et ma pro-duction de paralysies hystériques par la suggestion, je me trouvai repoussé dans l'opposition. Lorsque peu de temps après on me ferma l'accès du labo-ratoire d'anatomie cérébrale [d'] et que, pendant plu-sieurs semestres, je n'eus pas de local dans lequel je pusse faire mon cours, je me retirai de la vie universitaire et associative. Cela fait une éternité que je n'ai pas mis les pieds à la « Société des médecins ».

Si l'on voulait vivre du traitement des névro-pathes, il fallait pouvoir leur fournir une aide vi-sible. Mon arsenal thérapeutique ne comportait que deux armes : l'électrothérapie et l'hypnose, car en-voyer quelqu'un dans un établissement d'hydrothé-rapie au terme d'une unique consultation n'était

40

d'. Les relations de Freud avec Meynert sont analysées à l'occasion de ses associations sur l'un de ses rêves dans *L'Interprétation du rêve*, VI, G, IV (Freud, 1900a).

pas une source de revenus suffisante. Pour l'électro-thérapie, je m'en remettais au manuel de W. Erb qui dispensait des prescriptions détaillées pour le traitement de tous les symptômes neurologiques. Je dus malheureusement faire bientôt l'expérience que s'en tenir à ces prescriptions n'avançait jamais à rien, que ce que j'avais considéré comme la cristallisation d'une observation exacte n'était qu'une construction fantastique. M'apercevoir ainsi que l'œuvre du premier nom de la neuropathologie allemande n'avait pas plus de rapport avec la réalité que par exemple un livre d'oniromancie « égyptien », tel qu'on en vend dans nos librairies populaires, fut une expérience douloureuse, mais elle m'aida à démolir un nouveau pan de ma croyance naïve à l'autorité dont je n'étais pas encore débarrassé. C'est ainsi que je mis au rebut l'appareil électrique, dès avant que Möbius eût émis la parole libératrice selon laquelle les succès du traitement électrique auprès des névropathes étaient – dans le cas où ils intervenaient – un effet de la suggestion médicale.

L'hypnose marchait mieux. Alors que j'étais encore étudiant, j'avais assisté à une représentation publique du « magnétiseur » Hansen, et j'avais remarqué que l'un des cobayes humains était devenu pâle comme un mort quand il était tombé en rigidité cataleptique, et qu'il était resté ainsi pendant toute la durée de son état. Cela eut pour effet de donner un fondement solide à ma conviction de l'authenticité des phénomènes hypnotiques. Cette conception trouva peu après son porte-parole scientifique en la personne de Heidenhain, ce qui n'empêcha toutefois pas les professeurs en psychiatrie de déclarer encore pendant longtemps que l'hypnose était une charlatanerie et qu'elle était en outre dangereuse, et de regarder de haut les hypnotiseurs. À Paris, j'avais vu qu'on se servait sans aucune réserve de l'hypnose comme d'une méthode propre à créer et à supprimer ensuite des symptômes chez les malades. Puis nous parvint la nouvelle qu'avait été créée à Nancy une école qui utilisait à des fins thérapeutiques la suggestion avec ou sans hypnose, et ce à une grande échelle et avec un succès particulier. Il arriva ainsi tout naturellement que pendant les premières années de mon activité médicale, et compte non tenu des méthodes psychothérapeutiques plutôt occasionnelles et non systématiques, la suggestion hypnotique devint mon principal instrument de travail.

Cela me conduisit, il est vrai, à renoncer au traitement des maladies nerveuses organiques, mais cela importait peu. Car, d'une part, la thérapie de ces états n'offrait aucune perspective engageante, et, d'autre part, dans la clientèle urbaine du médecin privé, le petit nombre des gens qui en étaient affectés s'amenuisait de plus en plus au regard de la foule des nerveux, qui en outre se multipliaient du fait qu'ils passaient de médecin en médecin sans que leur cas fût résolu. Mais, par ailleurs, le travail avec l'hypnose exerçait un réel effet de

41

séduction. On avait pour la première fois surmonté le sentiment de son impuissance; la réputation de thaumaturge était très flatteuse. Les déficiences du procédé ne devaient m'apparaître que plus tard. Provisoirement, je n'avais à me plaindre que sur deux points : à savoir, premièrement, qu'on ne réussissait pas à hypnotiser tous les malades; deuxièmement, qu'on ne pouvait à son gré obtenir le degré d'hypnose qui aurait été souhaitable dans chaque cas. Dans l'intention de perfectionner ma technique hypnotique, je me rendis en été 1889 à Nancy, où je passai plusieurs semaines. Je vis le vieux Liébeault qui était touchant dans le travail qu'il pratiquait sur les femmes et les enfants pauvres de la population ouvrière; je fus témoin des expériences étonnantes de Bernheim sur ses patients hospitaliers; et j'en ramenai les impressions les plus prégnantes de la possibilité de processus psychiques puissants, qui ne s'en dérobent pas moins à la conscience de l'homme. Pour son instruction, j'avais poussé une de mes patientes à me suivre à Nancy. C'était une hystérique d'une grande distinction, génialement douée, qu'on avait remise à mes soins, parce qu'on ne savait qu'en faire. Par influence hypnotique, je lui avais permis d'accéder à une existence humaine décente, et j'arrivais toujours à la dégager à nouveau de la misère de ses états. Dans mon ignorance d'alors, j'attribuais le fait qu'elle rechutait chaque fois au bout d'un certain temps, à ce que son hypnose n'avait jamais atteint le degré du somnambulisme avec amnésie. Alors Bernheim s'y essaya à plusieurs reprises, mais sans plus de résultats que moi. Il m'avoua en toute franchise qu'il n'arrivait à ses grands succès thérapeutiques par la suggestion que dans sa pratique hospitalière, mais pas avec ses patients privés. J'eus de nombreuses discussions stimulantes avec lui et j'entrepris de traduire en allemand ses deux ouvrages sur la suggestion et ses effets thérapeutiques[e'].

Dans la période de 1886 à 1891, j'ai fait peu de travail scientifique et je n'ai guère publié. J'étais accaparé par l'obligation de me faire une place dans ma nouvelle profession et d'assurer mon existence matérielle ainsi que celle de ma famille qui s'accroissait rapidement. En 1891 parut le premier de mes travaux sur les paralysies cérébrales des enfants, rédigé en collaboration avec mon ami et assistant, le Dr Oskar Rie. La même année, je fus chargé de collaborer à un dictionnaire médical[f'], ce qui m'amena à discuter la théorie de l'aphasie, qui était alors dominée par les points de vue purement localisateurs de Wernicke-Lichtheim. Un petit livre de spéculation critique, 42

e'. Il s'agit sans doute d'une erreur, puisque la première des traductions de Bernheim entreprises par Freud fut publiée *avant* sa visite à Nancy (Freud, 1888-1889). La seconde parut en 1892.

f'. Le *Handwörterbuch* de Villaret, auquel Freud contribua par quelques articles non signés, qu'il est difficile d'identifier avec certitude (1888*b* et 1891*c*).

Contribution à la conception des aphasies [g] , fut le fruit de cette réflexion. Mais je dois maintenant exposer par quels chemins la recherche scientifique redevint le principal centre d'intérêt de mon existence.

g'. Freud, 1891b.

Pour compléter la présentation que je viens de faire, je dois signaler qu'en dehors de la suggestion hypnotique, je me livrai dès le début à une autre utilisation de l'hypnose. Je me servais d'elle pour explorer chez le patient l'histoire de la genèse de son symptôme, que souvent, à l'état de veille, il ne pouvait pas communiquer du tout, ou seulement de manière très imparfaite. Non seulement ce procédé paraissait plus efficace que la simple injonction ou interdiction suggestives; il satisfaisait aussi le désir de savoir du médecin, qui avait tout de même le droit d'apprendre quelque chose de l'origine du phénomène qu'il s'efforçait de supprimer par la monotone procédure suggestive.

Voici la manière dont j'étais parvenu à cet autre procédé. Dès le laboratoire de Brücke, j'avais fait la connaissance du Dr Josef Breuer [a], l'un des plus

a. 1842-1925. Freud écrivit d'une manière plus circonstanciée à son sujet à l'occasion de sa mort, très peu de temps après la publication du présent ouvrage (1925g).

en vue des médecins de famille de Vienne, qui avait aussi par ailleurs un passé scientifique, étant l'auteur de plusieurs travaux d'une valeur durable sur la physiologie respiratoire et sur l'organe de l'équilibre. C'était un homme d'une intelligence éminente, qui avait quatorze ans de plus que moi; nos relations se resserrèrent rapidement, il devint mon ami et m'apporta son soutien dans des circonstances difficiles de mon existence. Nous avions pris l'habitude de mettre en commun tous nos centres d'intérêt scientifiques. C'était moi, bien sûr, qui étais le gagnant dans cet échange. Le développement de la psychanalyse m'a ensuite coûté son amitié. Il ne m'a pas été facile de le payer ce prix-là, mais c'était inévitable.

Dès avant mon départ pour Paris, Breuer m'avait fait part de quelques remarques sur un cas d'hystérie qu'il avait traité d'une manière particulière dans les années 1880 à 1882, et qui lui avait ouvert des aperçus profonds sur l'étiologie et la signification des symptômes hystériques. Cela s'était donc produit à une époque où les travaux de Janet étaient encore à venir. Il me lut à plusieurs reprises des passages de l'histoire du cas, dont je retirai l'impression qu'ils faisaient avancer la compréhension de la névrose plus qu'on ne l'avait jamais fait auparavant. Je décidai en mon for intérieur de faire part de ces découvertes à Charcot quand j'arriverais à Paris, ce que je ne manquai pas de faire. Mais le maître ne manifesta aucun intérêt pour mes premières allusions, de sorte que je ne revins pas sur ce sujet, que j'abandonnai également pour moi-même.

De retour à Vienne, je m'intéressai à nouveau à l'observation de Breuer et m'en fis rendre compte de manière plus complète. La patiente était une jeune fille exceptionnellement douée et cultivée qui était tombée malade alors qu'elle soignait un père tendrement aimé : lorsque Breuer la prit en charge, elle présentait un tableau hétéroclite de paralysies avec contractures, d'inhibitions et d'états de confusion psychique. Une observation fortuite permit au médecin de s'apercevoir qu'elle pouvait être libérée d'un tel trouble de sa conscience lorsqu'on l'amenait à exprimer par des paroles le fantasme affectif auquel elle était justement en proie. Breuer tira de cette expérience une méthode de traitement. Il la plongeait dans une hypnose profonde et la faisait chaque fois raconter ce qui oppressait son cœur. Lorsque les accès de confusion dépressive furent surmontés de cette manière, il utilisa le même procédé pour venir à bout de ses inhibitions et de ses troubles corporels. À l'état de veille, la jeune fille ne savait pas dire mieux que d'autres malades de quelle manière ses symptômes s'étaient consti-tués, et elle ne trouvait aucun lien entre eux et 45 quelque impression que ce fût de sa vie. Dans l'hypnose, elle découvrit aussitôt la relation cher-chée. Il en ressortit que tous ses symptômes re-montaient à des expériences qui l'avaient marquée pendant qu'elle soignait son père malade, qu'ils avaient donc un sens et correspondaient à des vestiges ou des réminiscences de ces situations affectives. En règle générale les choses s'étaient passées de telle manière qu'elle avait dû réprimer une pensée ou une impulsion au chevet de son père malade; c'est à la place de celle-ci, et pour la représenter [*Vertretung*], qu'était ensuite apparu le symptôme. Mais, dans l'ensemble, le symptôme n'était pas la retombée d'une unique scène « traumatique », mais le résultat de l'addition de nombreuses situations analogues. Or quand la malade se remémorait sous hypnose une situation de ce genre sur un mode hallucinatoire et qu'après coup, elle menait jusqu'à son terme, en laissant libre cours à son affect, l'acte psychique qu'elle avait alors réprimé, le symptôme était effacé et ne réapparaissait plus. Grâce à ce procédé, Breuer réussit, au prix d'un long et pénible travail, à libérer sa malade de tous ses symptômes.

La malade était guérie, et elle est restée depuis en bonne santé; elle est même devenue capable d'accomplissements non négligeables. Mais sur le dénouement du traitement hypnotique régnait une obscurité que Breuer ne dissipa jamais pour moi; pas plus que je ne pus comprendre pourquoi il avait tenu si longtemps secrète sa découverte qui me paraissait inestimable, au lieu d'en enrichir la science. Mais la question suivante était de savoir si l'on pouvait généraliser ce qu'il avait trouvé à l'occasion d'un unique cas de maladie. Les relations mises au jour par lui me paraissaient d'une nature si fondamentale que je ne pouvais croire qu'elles pussent être absentes de quelque cas d'hystérie que ce fût, une fois qu'elles avaient été démontrées sur un seul. Mais seule l'expérience pouvait trancher. Je commençai donc à répéter les investigations de Breuer sur mes patients, et, surtout après que la visite auprès de Bernheim en 1889 m'eut révélé les limites de l'efficacité de la suggestion hypnotique, je ne pratiquai plus que cela. Lorsque, au cours de plusieurs années, je n'eus fait qu'en trouver de nouvelles confirmations, et que, pour chaque cas d'hystérie qui était accessible à un tel traitement, je disposais d'emblée d'une quantité imposante d'observations analogues, je lui proposai de travailler à une publication commune, idée qu'il commença par rejeter violemment. Il finit par céder, d'autant plus qu'entretemps, les travaux de Janet [b] avaient anticipé une partie de ses résultats, à savoir la thèse qu'on peut faire remonter les symptômes hystériques à des impressions vécues et les supprimer par leur reproduction hypnotique à l'état naissant. Nous fîmes paraître en 1893 une communication provisoire : « Les mécanismes psychiques des phénomènes hystériques. » En 1895 lui succéda notre livre *Études sur l'hystérie.*

Si la présentation que j'ai faite jusqu'ici a suscité chez le lecteur l'attente que les *Études sur l'hystérie*

b. Pierre Janet (1859-1947), neurologue et psychologue français.

sont sur tous les points essentiels de leur contenu factuel la propriété spirituelle de Breuer, eh bien, c'est exactement le point de vue que j'ai toujours défendu et que je voulais cette fois encore exprimer. J'ai apporté ma contribution à la théorie à laquelle s'essaie le livre dans une mesure qu'il ne m'est plus aujourd'hui possible de déterminer. Celle-ci est modeste, elle ne va pas tellement au-delà de l'expression immédiate des observations. Elle ne prétend pas explorer la nature de l'hystérie, mais simplement éclairer la genèse de ses symptômes. Ce faisant, elle souligne l'incidence de la vie affective, l'importance de la distinction entre actes psychiques inconscients et conscients (ou mieux : aptes à parvenir à la conscience), elle introduit un facteur dynamique, en disant que le symptôme naît de la rétention d'un affect, et un facteur économique, en considérant ce même symptôme comme le résultat de la transposition d'une quantité d'énergie qui est d'habitude utilisée autrement (ce qu'on appelle *conversion*). Breuer qualifiait notre procédé de *cathartique;* on lui assignait comme finalité thérapeutique de canaliser le quantum d'affect utilisé à entretenir le symptôme, qui s'était fourvoyé sur de fausses routes et s'y était pour ainsi dire coincé, vers des voies normales par lesquelles il pût être déchargé *(abréagi).* Le succès pratique de la procédure cathartique était remarquable. Les défauts qui se sont révélés par la suite étaient ceux afférents à tout traitement hypnotique. Aujourd'hui encore, il y a un certain nombre de psychothérapeutes qui en sont restés à la catharsis au sens de Breuer et qui s'en félicitent. Dans le traitement des névrosés de guerre de l'armée allemande, au cours de la guerre mondiale, elle a fait à nouveau, entre les mains de E. Simmel, la preuve de son efficacité comme procédé thérapeutique accéléré. Dans la théorie de la catharsis, il n'est pas beaucoup question de la sexualité. Dans les exposés de cas que j'ai fournis pour les *Études,* les facteurs liés à la vie sexuelle jouent un certain rôle, mais ne sont guère appréciés différemment d'autres motions affectives. À propos de sa première patiente devenue célèbre, Breuer rapporte que le sexuel était chez elle étonnamment peu développé[c]. Si l'on s'en était tenu aux *Études sur l'hystérie,* on aurait eu du mal à deviner l'importance de la sexualité dans l'étiologie des névroses.

Quant à la phase de l'évolution qui va maintenant suivre, à savoir le passage de la catharsis à la psychanalyse proprement dite, je l'ai déjà plusieurs fois décrite de manière si approfondie qu'il me sera difficile d'apporter ici quelque chose de nouveau. L'événement qui inaugura cette époque fut le retrait de Breuer de notre communauté de travail, qui fit que j'eus à gérer tout seul son héritage. Il y avait déjà eu dès les débuts des divergences d'opinion entre nous, sans que cela justifiât une brouille. Sur la question de savoir quand un processus psychique

c. Cf. *Études sur l'hystérie* (Freud, 1895d), « Mademoiselle Anna O... ».

devenait pathogène, c'est-à-dire était exclu d'un déroulement normal, Breuer donnait sa préférence à une théorie pour ainsi dire physiologique; il pensait que les processus qui se soustrayaient à une destinée normale étaient ceux qui étaient issus d'états psychiques non habituels – hypnoïdes. Cela faisait rebondir la question sur l'origine de ces états hypnoïdes. En ce qui me concerne, je soupçonnais plutôt, en revanche, un jeu de forces, l'effet d'intentions et de tendances telles qu'on peut en observer dans la vie normale. C'était donc « hystérie hypnoïde » contre « névrose de défense ». Mais cette opposition ainsi que d'autres semblables ne l'auraient sans doute pas détourné de notre cause, si d'autres facteurs n'étaient venus s'y ajouter. L'un d'entre eux était certainement qu'en tant que spécialiste des maladies internes et médecin de famille, il était très absorbé et qu'il ne pouvait comme moi consacrer toute son énergie au travail cathartique. D'autre part, il était influencé par l'accueil qu'avait reçu notre livre tant à Vienne que dans le Reich allemand. Sa confiance en soi et ses capacités de résistance n'étaient pas à la mesure du reste de son organisation intellectuelle. Lorsque par exemple les *Études* furent rejetées violemment par Strümpell [d], je fus capable de rire de cette critique inintelligente, tandis qu'il se vexa et fut découragé. Mais ce qui

d. Adolf von Strümpell (1853-1925), neurologue allemand réputé, fit du livre un compte rendu très critique (*Deutsche Zeitschrift für Nervenheilkunde*, 8, 159 [1896]).

contribua le plus à sa décision fut que mes propres travaux ultérieurs s'engagèrent dans une direction avec laquelle il tenta vainement de se réconcilier.

En effet, la théorie que nous avions essayé de construire dans les *Études* en était restée à un stade encore très incomplet, en particulier nous avions à peine abordé le problème de l'étiologie, la question du terrain sur lequel le processus pathogène prenait naissance. Or une expérience qui ne fit que s'accroître rapidement me découvrit que ce n'étaient pas n'importe quelles motions affectives qui étaient à l'œuvre derrière les phénomènes de la névrose, mais qu'elles étaient de manière régulière de nature sexuelle, qu'il s'agissait ou de conflits sexuels actuels ou des répercussions de vécus sexuels antérieurs. Je n'étais pas préparé à ce résultat, mon attente n'avait aucune part dans l'affaire, je m'étais engagé dans l'investigation des névrosés en toute ingénuité. Lorsque j'écrivis en 1914 l'*Histoire du mouvement psychanalytique,* surgit en moi le souvenir de quelques assertions de Breuer, Charcot et Chrobak, qui auraient pu m'amener précocement à cette conclusion [e]. Simplement, je ne comprenais pas alors ce que ces autorités avaient en tête; elles m'avaient dit plus qu'elles ne savaient elles-mêmes et qu'elles n'étaient prêtes à soutenir. Ce que je leur avais entendu dire sommeilla en moi sans produire d'effet, jusqu'à surgir, à l'occasion des investigations

e. Cf. *Contribution à l'histoire du mouvement psychanalytique* (Freud, 1914*d*), p. 77.

sur la catharsis, comme une découverte apparemment originale. Je ne savais pas non plus à l'époque qu'en ramenant l'hystérie à la sexualité, j'étais remonté jusqu'aux temps les plus anciens de la médecine et que j'avais renoué avec Platon. Je ne l'appris que par la suite grâce à un essai de Havelock Ellis [f].

Sous l'influence de ma surprenante découverte, je fis alors un pas lourd de conséquences. J'allai au-delà de l'hystérie et commençai à explorer la vie sexuelle de ceux qu'on appelait neurasthéniques et qui avaient coutume de se trouver en grand nombre à mon cabinet. Il est vrai que cette expérience me coûta ma popularité médicale, mais elle m'apporta des convictions qui aujourd'hui, presque trente ans après, ne se sont toujours pas affaiblies. Il fallait venir à bout de nombre de mensonges et de cachotteries, mais, quand on y était parvenu, on s'apercevait que tous ces malades se livraient à des usages gravement aberrants de la fonction sexuelle. Étant donné la grande fréquence de telles aberrations d'une part, de la neurasthénie d'autre part, la concomitance fréquente des deux avait évidemment peu de force démonstrative, mais on n'en resta pas non plus à ce seul constat grossier. À y regarder de plus près, je fus amené à dégager, du fouillis hétéroclite

f. Dans une lettre à Fliess du 3 janvier 1899 (Freud, 1950*a* lettre 101), Freud mentionne un article de Havelock Ellis (1898) paru au mois d'octobre précédent dans le *Saint Louis Alienist and Neurologist*. Il était consacré à « Hysteria in Relation to the Sexual Emotions » et « commençait par Platon pour finir par Freud ».

de tableaux cliniques qu'on recouvrait du nom de neurasthénie, deux types fondamentalement différents, qui pouvaient se présenter mêlés en des dosages variés, mais qu'on pouvait également observer à l'état pur. Dans l'un des types, l'accès d'angoisse était le phénomène central avec ses équivalents, ses formes rudimentaires et ses symptômes chroniques de substitution; c'est pourquoi je le qualifiai de *névrose d'angoisse.* Je réservai seulement à l'autre type l'appellation de *neurasthénie* [g]. Il fut alors facile de constater qu'à chacun de ces types correspondait une anomalie spécifique de la vie sexuelle comme facteur étiologique (*Coitus interruptus,* excitation frustrante, continence sexuelle ici, et masturbation excessive, pollutions en série là). À propos de quelques cas particulièrement instructifs, dans lesquels avait eu lieu un passage surprenant du tableau de la maladie d'un type à l'autre, je réussis à prouver que cela était dû à un changement concomitant du régime sexuel. Si l'on pouvait faire cesser l'usage aberrant et le remplacer par une activité sexuelle normale, cela se traduisait par une amélioration frappante de l'état de santé.

C'est ainsi que je fus amené à reconnaître d'une manière très générale, dans les névroses, des troubles de la fonction sexuelle, et plus précisément, dans ce qu'on appelle les névroses actuelles, l'expression toxique directe, dans les psychonévroses, l'expression

g. Freud, 1895*b*.

psychique de ces troubles. Ma conscience médicale se sentait satisfaite par cette mise en place. J'espérais avoir comblé une lacune de la médecine qui, pour une fonction d'une telle importance biologique, ne voulait prendre en compte d'autres détériorations que celles dues à une infection ou à une lésion anatomique grossière. Par ailleurs la conception médicale se trouvait confortée de ce que la sexualité n'était pas de toute évidence une affaire purement psychique. Elle avait aussi son côté somatique, on pouvait lui attribuer un chimisme spécifique et faire dériver l'excitation sexuelle de la présence de substances déterminées, bien qu'encore inconnues [h]. Il devait également y avoir une bonne raison à ce que les névroses authentiques, spontanées, ne présentassent autant de ressemblance avec aucun autre groupe de maladies qu'avec les phénomènes d'intoxication et d'abstinence, provoqués par l'ingestion et la privation de certaines substances à effet toxique, ou qu'avec la maladie de Basedow, dont la dépendance à l'endroit du produit de la glande thyroïde est connue.

Je n'ai plus eu par la suite l'occasion de revenir sur mes investigations au sujet des névroses actuelles [i]. Cette partie de mon travail n'a pas non plus été poursuivie par d'autres. Si je jette aujourd'hui un coup d'œil rétrospectif sur mes résultats

h. Cf. *Trois essais...* (Freud, 1905*d*).
i. Freud revint peu après, dans *Inhibition, symptôme, angoisse* (1926*d*), sur la question des névroses actuelles.

d'alors, je peux reconnaître en eux les premières schématisations frustes d'un état de choses vraisemblablement beaucoup plus compliqué. Mais ils me paraissent encore aujourd'hui être justes dans l'ensemble. J'aurais aimé par la suite soumettre encore à l'examen psychanalytique des cas de neurasthénie juvénile pure; mais cela ne s'est malheureusement pas rencontré. Afin de prévenir des malentendus interprétatifs, je tiens à souligner que je suis fort éloigné de nier l'existence du conflit psychique et des complexes névrotiques dans le cas de la neurasthénie. Ce que je me contente d'affirmer, c'est que les symptômes de ces maladies ne sont pas déterminés psychiquement ni solubles par l'analyse, mais qu'il faut les concevoir comme des conséquences toxiques directes du chimisme sexuel perturbé.

Lorsque, dans les années qui suivirent les *Études,* j'eus acquis ces points de vue sur le rôle étiologique de la sexualité dans les névroses, je fis quelques conférences à leur sujet dans des sociétés médicales, mais je n'y rencontrai qu'incrédulité et contradiction. Breuer essaya encore quelques fois de jeter en ma faveur dans la balance le grand poids de la considération personnelle dont il jouissait, mais il n'arriva à rien, et il était facile de voir que la prise en compte de l'étiologie sexuelle allait également à l'encontre de ses inclinations. En se référant à sa première patiente, chez qui, à ce qu'il disait, les facteurs sexuels n'avaient joué aucun rôle, il aurait

51

45

pu frapper un grand coup et semer le doute dans mon esprit. Mais il ne le fit jamais; pendant longtemps, je ne compris pas pourquoi, jusqu'à ce que j'eusse appris à faire de ce cas une interprétation correcte et à reconstituer le dénouement de son traitement à partir de quelques remarques antérieures de Breuer lui-même. Lorsque le travail cathartique avait paru terminé, il s'était brusquement déclenché chez la jeune fille un état d'« amour de transfert » qu'il ne rapportait plus à son être-malade, de sorte qu'il s'était éloigné d'elle avec effarement [j]. Il lui était manifestement pénible qu'on lui rappelât ce déboire apparent. Dans son comportement à l'égard de moi-même, il balança un moment entre l'approbation et la critique acerbe; par là-dessus vinrent des incidents comme il ne manque jamais de s'en produire dans les situations tendues, et nous nous séparâmes.

Le fait que je m'occupai désormais des formes de la nervosité en général eut pour autre conséquence que je modifiai la technique de la catharsis. J'abandonnai l'hypnose et essayai de la remplacer par une autre méthode parce que je voulais faire éclater la limitation du traitement aux états hystériformes. Par ailleurs, plus mon expérience progressait, et plus s'élevaient en moi deux graves objections à l'encontre de l'emploi de l'hypnose elle-même au service de la catharsis. La première était

j. Cet épisode bien connu est rapporté par Jones (1953, 246 sq.).

que même les plus beaux résultats se trouvaient comme brusquement effacés, dès que la relation personnelle au patient se gâtait un peu. Il est vrai qu'ils se rétablissaient dès qu'on parvenait à une réconciliation, mais on en tirait l'enseignement que la relation personnelle affective était cependant plus puissante que tout le travail cathartique; or ce facteur se dérobait justement à toute maîtrise. Sur ces entrefaites, je fis un jour une expérience qui me révéla sous un éclairage cru ce dont je me doutais depuis longtemps. Alors qu'une fois, j'avais délivré de son mal l'une de mes patientes les plus dociles, chez qui l'hypnose avait permis de réaliser les plus remarquables prodiges, en ramenant l'accès douloureux à sa cause, elle me passa à son réveil les bras autour du cou. L'entrée inopinée d'une personne de service nous évita une explication embarrassante, mais, par un accord tacite, nous renonçâmes dès ce moment à poursuivre le traitement par hypnose. Je gardai la tête assez froide pour ne pas porter ce hasard au compte d'un charme personnel irrésistible, et pensai avoir désormais saisi la nature de l'élément mystique qui était à l'œuvre derrière l'hypnose. Pour le mettre hors circuit, ou tout au moins pour l'isoler, il fallait abandonner l'hypnose.

Mais l'hypnose avait rendu des services inestimables au traitement cathartique, en élargissant le champ de la conscience des patients et en mettant à leur disposition un savoir dont ils ne disposaient pas à l'état de veille. Il ne paraissait pas facile de

47

la remplacer sur ce point. Je fus tiré d'embarras par le souvenir d'une expérience à laquelle j'avais souvent assisté auprès de Bernheim. Quand la personne cobaye s'éveillait de l'état de somnambulisme, elle semblait avoir perdu tout souvenir des événements qui s'étaient produits au cours de celui-ci. Mais Bernheim affirmait qu'elle le savait malgré tout, et quand il la sommait de se souvenir, quand il l'assurait qu'elle savait tout, qu'il lui suffisait de le dire, et que, ce faisant, il lui posait en plus la main sur le front, les souvenirs oubliés revenaient effectivement, d'abord seulement de manière hésitante, puis en un flot continu et avec une clarté parfaite [k]. Je décidai de faire de même. Mes patients en effet devaient aussi « savoir » tout ce à quoi ils n'avaient habituellement accès que par l'hypnose, et mes assurances, mes incitations, éventuellement renforcées par l'imposition des mains, devaient avoir le pouvoir de faire surgir à la conscience les faits et les rapports oubliés. Cela paraissait bien sûr coûter plus d'efforts que de plonger le patient dans l'hypnose, mais c'était peut-être très instructif. J'abandonnai donc l'hypnose, et ne retins d'elle que la position couchée du patient sur un lit de repos derrière lequel j'étais assis, de sorte que je le voyais, mais sans être vu de lui.

k. Freud donna un compte rendu détaillé de cet épisode dans un de ses derniers écrits, *Some Elementary Lessons in Psycho-Analysis* (1940*b*).

Mon attente fut comblée, je me dégageai de l'hypnose, mais, avec le changement de technique, le travail cathartique changea lui aussi de visage. L'hypnose avait dissimulé un jeu de forces qui se dévoilait maintenant, et dont la saisie donnait à la théorie un fondement sûr.

Comment se faisait-il donc que les patients eussent oublié tant de faits de leur vécu extérieur et intérieur, et qu'ils pussent cependant se les remémorer quand on leur appliquait la méthode que nous avons décrite? À ces questions l'observation apporta une réponse exhaustive. Tout ce qui était oublié avait été d'une manière ou d'une autre pénible, que ce fût effrayant ou douloureux ou honteux, face aux exigences de la personnalité. Une idée s'imposait d'elle-même; c'était justement pour cette raison que cela avait été oublié, c'est-à-dire n'était pas resté conscient. Pour le rendre malgré tout à nouveau conscient, il fallait surmonter chez le malade quelque chose qui se cabrait, il fallait y mettre du sien pour le presser et l'obliger. L'effort exigé de la part du médecin était d'une intensité variable suivant les cas, il était proportionnel à la difficulté que présentait la chose à remémorer. La dépense d'énergie du médecin donnait manifestement la mesure d'une *résistance* chez le malade. Il suffisait maintenant de traduire en mots ce qu'on avait éprouvé soi-même, et l'on était en possession de la théorie du *refoulement*.

55 Il était maintenant facile de reconstituer le processus pathogène. Pour s'en tenir à l'exemple le plus simple, il avait surgi dans la vie psychique une tendance [*Strebung*] isolée, qui était toutefois contre-carrée par d'autres également puissantes. Suivant notre attente, le *conflit* psychique qui en résultait devait se dérouler de telle sorte que les deux grandeurs dynamiques – appelons-les pour notre usage : pulsion et résistance – luttaient un moment l'une contre l'autre avec une participation particulièrement intense de la conscience, jusqu'à ce que la pulsion fût mise à l'écart, que l'investissement énergétique fût retiré à sa tendance. Ce serait là la liquidation normale. Mais dans le cas de la névrose – et ce pour des raisons encore inconnues – le conflit avait trouvé une autre issue. Dès le premier affrontement, le moi s'était en quelque sorte retiré devant la motion pulsionnelle scabreuse; il lui avait barré l'accès à la conscience et à la décharge motrice directe, mais tout cela sans qu'elle perdît rien de son investissement énergétique. C'est ce processus

50

que j'appelai *refoulement;* c'était une nouveauté, rien qui lui ressemblât n'avait été encore identifié dans la vie psychique. Il s'agissait manifestement d'un mécanisme de défense primaire, comparable à une tentative de fuite, précurseur provisoire de la liquidation normale ultérieure par le jugement. À l'acte premier du refoulement se rattachaient d'autres conséquences. Premièrement, il fallait que le moi se protégeât de la pression toujours imminente de la notion refoulée par une dépense permanente, un *contre-investissement,* ce qui entraînait son appauvrissement; d'autre part, le refoulé, qui était désormais *inconscient,* pouvait se ménager une décharge et une satisfaction de substitution en empruntant des détours, et mettre ainsi en échec l'intention du refoulement. Dans le cas de l'hystérie de conversion, ce détour passait par l'innervation corporelle, la motion refoulée perçait à un endroit quelconque et créait les *symptômes,* qui étaient donc des résultats de compromis, des satisfactions substitutives il est vrai, mais défigurées et détournées de leur but par la résistance du moi.

La doctrine du refoulement devint la clé de voûte de la compréhension des névroses. Il fallait maintenant concevoir autrement la tâche thérapeutique : son but n'était plus l'« abréaction » de l'affect fourvoyé sur de fausses routes, mais la mise au jour des refoulements et leur remplacement par des actes de jugement, qui pouvaient aboutir à l'acceptation ou au rejet de ce qui avait été jadis repoussé. Je fis

51

droit au nouvel état des choses en nommant le procédé d'investigation et de guérison non plus *catharsis,* mais *psychanalyse.*

On peut partir [a] du refoulement comme d'un centre auquel se rattachent tous les pans de la doctrine psychanalytique. Mais je veux faire encore une remarque de teneur polémique. Suivant l'opinion de Janet, l'hystérique était une pauvre créature qui, par suite d'une faiblesse constitutionnelle, ne pouvait maintenir la cohésion de ses actes psychiques. C'est pourquoi elle succombait au clivage psychique et au rétrécissement de la conscience. Or, d'après les résultats des investigations psychanalytiques, ces phénomènes étaient le produit de facteurs dynamiques, à savoir du conflit psychique et du refoulement opéré. Je pense que cette différence est d'une portée suffisante pour couper court au ragot toujours repris, suivant lequel ce qui a valeur en psychanalyse se réduirait à des idées empruntées à Janet. Ma présentation doit avoir montré au lecteur que la psychanalyse est, du point de vue historique, tout à fait indépendante des trouvailles de Janet, de même qu'elle s'en écarte sur le fond et les dépasse largement. Jamais non plus n'auraient pu être tirées des travaux de Janet les conclusions qui ont valu à la psychanalyse une telle importance au regard des sciences de l'esprit et lui ont attiré l'intérêt général. J'ai toujours traité avec beaucoup de respect la

a. Ce paragraphe était imprimé en petits caractères dans les éditions de 1924, 1928 et 1948.

personne de Janet, parce que ses découvertes se recoupaient sur une bonne distance avec celles de Breuer, qui avaient été faites antérieurement et publiées plus tard. Mais lorsque la psychanalyse est devenue en France aussi objet de discussion, Janet s'est mal comporté, a fait preuve d'une piètre compétence et a usé d'arguments inélégants. Enfin il a à mes yeux jeté le masque et dévalorisé par là même son œuvre, lorsqu'il a proclamé que, quand il avait parlé d'actes psychiques « inconscients », il n'avait eu rien de précis en tête, qu'il ne s'agissait là que d'« *une façon de parler* [b] ».

Mais la psychanalyse fut contrainte, par l'étude des refoulements pathogènes ainsi que d'autres phénomènes dont il y aura encore lieu de faire état, de prendre le concept d'« inconscient » au sérieux. Pour elle, tout le psychique était d'abord inconscient, la qualité de la conscience pouvant s'y rajouter par 57 après ou également rester absente. On se heurtait bien sûr sur ce point à la contradiction des philosophes, pour qui « conscient » et « psychique » étaient identiques, et qui assuraient qu'ils ne pouvaient se représenter une chose aussi monstrueuse que le « psychique inconscient ». Mais rien n'y fit, on dut passer outre, en haussant les épaules, à cette idiosyncrasie des philosophes. L'expérience, pratiquée sur du matériel pathologique inconnu des philosophes, de la fréquence et de la puissance de motions

b. En français dans le texte. Les éditions de 1928 et 1948 portent « manière de parler ».

dont on ne savait rien et dont on devait établir l'existence comme celle de n'importe quel fait du monde extérieur, ne laissait pas le choix. On pouvait aussi faire valoir qu'on se contentait d'appliquer à notre vie psychique propre ce qu'on avait déjà toujours appliqué à celle des autres. Ne prêtait-on pas à autrui des actes psychiques, bien qu'on n'eût de ceux-ci aucune conscience immédiate et qu'on dût les inférer à partir d'actions et de manifestations extérieures? Mais ce qui est bon pour les autres, doit également valoir pour notre personne propre. Si l'on peut pousser plus avant cet argument et en déduire que les actes propres cachés appartiennent justement à une deuxième conscience, on est confronté à la conception d'une conscience dont on ne sait rien, d'une conscience inconsciente, ce qui ne présente guère d'avantage par rapport à l'hypothèse d'un psychique inconscient. Mais si l'on dit avec d'autres philosophes qu'on admet les processus pathologiques, à ceci près qu'il convient d'appeler les actes qui les fondent non pas psychiques, mais psychoïdes, la différenciation débouche sur une stérile querelle de mots dont l'issue la plus adéquate semble être de se décider à conserver l'expression « psychique inconscient ». Et alors la question de savoir ce que cet inconscient est en soi n'est ni plus avisée ni plus prometteuse que l'autre question, plus ancienne, de savoir ce qu'est le conscient.

Il serait plus malaisé de présenter brièvement comment la psychanalyse en est venue à subdiviser encore l'inconscient reconnu par elle, à le démembrer en un *préconscient* et en un inconscient proprement dit. Qu'il suffise de remarquer qu'il apparut légitime de compléter les théories qui sont l'expression directe de l'expérience, par des hypothèses qui paraissent appropriées pour venir à bout de la matière, et qui se rapportent à des systèmes de relations qui ne peuvent faire l'objet d'une observation immédiate. Dans les sciences plus anciennes, on n'a pas non plus coutume de procéder autrement. La subdivision de l'inconscient est liée à la tentative de se représenter l'appareil psychique à partir d'un certain nombre d'instances ou de systèmes et de rendre compte des relations qu'ils entretiennent entre eux dans un langage spatial, ce qui n'implique nullement qu'on cherche à le mettre en connexion avec l'anatomie cérébrale réelle. (C'est le point de vue dit *topique*.) Ces représentations et d'autres semblables font partie d'une superstructure spéculative de la psychanalyse, dont chaque pièce peut être sacrifiée ou échangée sans dommage ni regret, dès l'instant où une insuffisance est avérée. Il reste suffisamment de choses à rapporter qui sont plus proches de l'observation.

J'ai déjà signalé que la recherche des causes élémentaires et des fondements de la névrose débouchait avec une fréquence toujours accrue sur des conflits entre les motions sexuelles de la personne et les résistances à la sexualité. Quand on recherchait les situations pathogènes au cours desquelles étaient intervenus les refoulements de la sexualité, et desquelles découlaient les symptômes en tant que formations substitutives du refoulé, on était ramené à des périodes de la vie du malade de plus en plus précoces et l'on finissait par arriver à ses premières années d'enfance. Il se vérifia ce que les poètes et les connaisseurs de l'être humain avaient toujours affirmé, à savoir que les impressions de cette période précoce de la vie, bien qu'elles succombent la plupart du temps à l'amnésie, laissent dans l'évolution de l'individu des traces indélébiles, en particulier, qu'elles fixent la disposition à des affections névrotiques ultérieures. Mais étant donné que, dans ces expériences de l'enfance, il s'agissait toujours d'excitations sexuelles et de la réaction à leur encontre, on était confronté au fait de la *sexualité infantile,* qui était à son tour une nouveauté et entrait en contradiction avec l'un des préjugés les plus forts de l'humanité. Il fallait en effet que l'enfance fût « innocente », exempte de concupiscence sexuelle, et que la lutte avec le démon « sensualité » ne débutât qu'avec le *« Sturm und Drang »* de la puberté. Ce qu'on n'avait pu s'empêcher de percevoir occasionnellement d'activités sexuelles chez les enfants, était considéré comme un signe de dégénérescence, de dépravation prématurée ou comme un étrange caprice de la nature. Peu de découvertes de la psychanalyse se sont heurtées à un refus aussi général, ont suscité une telle explosion d'indignation, que l'affirmation selon laquelle la fonction sexuelle

59

56

commence dès le début de la vie et s'extériorise dès l'enfance par d'importantes manifestations. Et pourtant aucune trouvaille analytique ne peut se démontrer aussi aisément et aussi complètement.

Avant d'entrer plus avant dans l'appréciation de la sexualité infantile, il faut que je mentionne une erreur à laquelle j'ai succombé pendant un certain temps, et qui faillit avoir des répercussions désastreuses sur tout mon travail. Sous la pression de mon procédé technique d'alors, la plupart de mes patients reproduisaient des scènes de leur enfance, qui avaient pour contenu la séduction sexuelle par un adulte. Chez les personnes du sexe féminin, le rôle du séducteur était presque toujours attribué au père. J'ajoutai foi à ces récits et en conclus que j'avais trouvé en ces expériences de séduction sexuelle de l'enfance les sources de la névrose ultérieure. Quelques cas, dans lesquels de telles relations au père, à l'oncle ou au frère aîné s'étaient poursuivies jusqu'aux années de remémoration certaine, me renforcèrent dans ma croyance. Si quelqu'un allait hocher la tête en me soupçonnant de crédulité, je ne pourrais pas lui donner tout à fait tort; mais je ferais valoir que c'était l'époque où je faisais délibérément violence à mon sens critique, afin de rester impartial et réceptif aux nombreuses nouveautés qui se présentaient à moi tous les jours. Mais lorsque je fus contraint de reconnaître par la suite que ces scènes de séduction n'avaient jamais eu lieu, qu'elles n'étaient que des fantasmes forgés par mes patients, 60 et que je leur avais peut-être imposés moi-même, je restai pendant un certain temps perplexe[c]. Ma confiance en ma technique ainsi qu'en ses résultats essuya un rude coup; n'avais-je pas en effet obtenu ces scènes par une voie technique que j'estimais correcte, et leur contenu n'était-il pas dans une relation évidente avec les symptômes dont était partie mon investigation? Lorsque je me fus ressaisi, je tirai de mon expérience les conclusions correctes, à savoir que les symptômes névrotiques ne se rattachaient pas directement à des expériences réellement vécues, mais à des fantasmes de désir, et que, pour la névrose, la réalité psychique importait plus que la réalité matérielle. Je ne crois toujours pas aujourd'hui que j'aie imposé des fantasmes de séduction à mes patients, que je les leur aie « suggérés ». Je m'étais trouvé là confronté pour la première fois au *complexe d'Œdipe,* qui devait prendre par la suite une signification prépondérante, mais que je ne distinguais pas encore sous un travestissement aussi fantasmatique. La séduction à l'âge infantile conserva d'ailleurs sa part dans l'étiologie, même si ce fut dans une mesure plus restreinte. Mais les séducteurs avaient pour la plupart été des enfants plus âgés.

Mon erreur avait donc été la même que celle de

c. Freud fit part pour la première fois de la découverte de son erreur dans une lettre à Fliess du 21 septembre 1897 (Freud, 1950a, lettre 69) : « Il faut que je te confie tout de suite le grand secret qui, au cours de ces derniers mois, s'est lentement révélé. Je ne crois plus à mes *neurotica...* » Voir aussi Freud, 1906a.

quelqu'un qui prendrait pour vérité historique l'histoire légendaire de la période royale de Rome suivant le récit de Tite-Live, au lieu de la prendre pour ce qu'elle est : une formation réactionnelle au souvenir d'époques et de situations misérables, qui n'avaient sans doute pas toujours été glorieuses. L'erreur une fois dissipée, la voie de l'étude de la vie sexuelle infantile était libre. On était ainsi amené à appliquer la psychanalyse à un autre domaine du savoir, à inférer de ses données un pan jusque-là inconnu du devenir biologique.

La fonction sexuelle était présente dès le début, commençait par s'étayer sur les autres fonctions vitales et prenait ensuite son indépendance à leur égard ; il lui fallait accomplir une évolution longue et compliquée, avant de devenir ce qui était connu comme la vie sexuelle normale de l'adulte. Elle se manifestait d'abord comme activité de toute une série de *composantes pulsionnelles* qui dépendaient de zones corporelles *érogènes,* qui émergeaient pour une part sous forme de couples opposés (sadisme-masochisme, pulsion de regarder-plaisir d'exhiber), se mettaient en quête d'un gain de plaisir chacune pour son compte, et trouvaient pour la plupart leur objet sur le corps propre. Elle était donc au départ non centrée et principalement *auto-érotique.* Ensuite se dessinaient en elles des regroupements ; un premier stade d'organisation était soumis à la prédominance des composantes *orales,* à celui-ci succédait une phase *sadique-anale,* et c'est seulement la troisième phase, tardivement atteinte, qui apportait le primat des *parties génitales,* avec lequel la fonction sexuelle se mettait au service de la reproduction. Au cours de cette évolution, beaucoup d'éléments de la pulsion étaient laissés de côté comme inutilisables au regard de cette fin dernière, ou ils étaient affectés à d'autres usages, d'autres étaient détournés de leurs buts et orientés vers l'organisation génitale. J'appelai l'énergie des pulsions sexuelles − et seulement celle-là − *libido.* J'étais maintenant forcé d'admettre que la libido n'effectue pas toujours de manière impeccable l'évolution décrite. Par suite de la force excessive de composantes isolées ou d'expériences de satisfaction prématurées, il peut se produire des *fixations* de la libido en certains points du parcours évolutif. La libido tend alors, au cas d'un refoulement ultérieur, à revenir vers ces points *(régression)* et c'est à partir d'eux que s'opérera la percée aboutissant au symptôme. Une découverte ultérieure vint ajouter à cela que la localisation du point de fixation est également déterminante pour le choix de la névrose, pour la forme sous laquelle se présentera l'affection ultérieure.

Parallèlement à l'organisation de la libido s'effectue le processus par lequel l'objet est trouvé [*Objektfindung*], auquel est réservé un grand rôle dans la vie psychique. Après le stade de l'*auto-érotisme,* le premier objet d'amour devient pour les deux sexes la mère, dont l'organe nourricier n'était sans doute pas distingué au début du corps propre. Plus tard, mais encore dans les premières années d'enfance, s'instaure la relation du complexe d'Œdipe, dans laquelle le garçon concentre ses désirs sexuels sur la personne de la mère et développe des motions hostiles à l'égard de son père en tant que rival. La petite fille prend une position analogue [1], toutes les variations et étapes successives du complexe d'Œdipe sont investies de signification, la constitution bisexuelle innée prend effet et multiplie le nombre des aspirations concomitantes. Il faut pas mal de temps jusqu'à ce que l'enfant soit au clair sur les différences entre les sexes; pendant cette période de *recherche sexuelle,* il se crée des *théories sexuelles* typiques, qui, du fait de l'imperfection de son organisation corporelle, mêlent le juste et le faux, et ne sont pas à même de résoudre les problèmes de la vie sexuelle (l'énigme du sphinx : d'où viennent les enfants). Le premier choix d'objet de l'enfant est donc *incestueux.* Toute l'évolution ici décrite est parcourue rapidement. Le caractère le plus singulier de la vie sexuelle de l'homme est son

1. *Addition de 1935 :* Les découvertes touchant à la sexualité infantile avaient été faites sur l'homme, et la théorie qui en découlait avait été élaborée pour l'enfant masculin. Il était assez naturel de s'attendre à un parallélisme d'ensemble entre les deux sexes, mais cela se révéla inexact. Des investigations et supputations ultérieures mirent au jour de profondes différences dans l'évolution sexuelle entre l'homme et la femme. Pour la petite fille aussi, la mère est le premier objet sexuel, mais, pour parvenir au but de l'évolution normale, la femme doit changer non seulement d'objet sexuel, mais aussi de zone génitale directrice. Il en résulte des difficultés et de possibles inhibitions, qui n'ont pas lieu d'être chez l'homme.

démarrage en deux temps avec pause intercalaire. Dans la quatrième et la cinquième année de l'existence, elle atteint une première acmé, mais ensuite cette prime floraison de la sexualité passe, les tendances jusqu'ici vivaces succombent au refoulement, et commence alors la *période de latence,* qui dure jusqu'à la puberté et pendant laquelle s'édifient les formations réactionnelles de la morale, de la pudeur, du dégoût [1]. Cette évolution en deux temps de la sexualité semble, parmi tous les êtres vivants, être propre à l'homme seul, elle constitue peut-être la condition biologique de sa disposition à la névrose. Avec la puberté se trouvent réactivés les tendances et les investissements d'objets de la période primitive ainsi que les liaisons affectives du complexe d'Œdipe. Dans la vie sexuelle de la puberté, les incitations de la période primitive et les inhibitions de la période de latence luttent ensemble. Déjà, lors de l'apogée du développement sexuel infantile, une sorte d'organisation génitale s'était instituée, dans laquelle toutefois seul l'appareil génital masculin jouait un rôle, celui de la femme demeurant non découvert (ce qu'on appelle le primat *phallique*). L'opposition entre les sexes ne s'exprimait alors pas encore en termes de *masculin* ou *féminin,* mais dans les termes : possesseur d'un pénis ou *castré.* Le

---

1. *Addition de 1935 :* La période de latence est un phénomène physiologique. Mais elle ne peut provoquer une interruption totale de la vie sexuelle que dans les organisations culturelles qui ont mis à leur programme une répression de la sexualité infantile. Tel n'est pas le cas chez la plupart des primitifs.

complexe de castration qui se greffe en ce point prend une extrême importance pour la formation du caractère et de la névrose.

Dans cette présentation abrégée de mes découvertes concernant la vie sexuelle de l'homme, j'ai, pour faciliter la compréhension, rassemblé beaucoup de choses qui ont été élaborées à des périodes différentes, et qui ont été insérées dans les éditions successives de mes *Trois essais sur la théorie de la sexualité* au titre de compléments ou de rectifications. J'espère qu'on peut facilement comprendre à partir d'elle en quoi consiste l'élargissement du concept de sexualité qu'on a souvent mis en avant et contesté. Cet élargissement est double. Premièrement, la sexualité est dégagée de sa mise en relation trop étroite avec les organes génitaux, et elle est posée comme une fonction corporelle plus englobante et visant au plaisir, qui n'entre que secondairement au service de la reproduction; deuxièmement, on met au nombre des motions sexuelles toutes celles qui sont simplement tendres ou amicales, auxquelles notre usage linguistique applique le terme plurivoque d'« amour ». Simplement, je crois que ces élargissements ne sont pas des innovations, mais des restaurations, ils signifient la levée de rétrécissements inadéquats du concept, auxquels nous nous sommes laissé entraîner. Détacher la sexualité des organes génitaux présente l'avantage de nous permettre de subsumer l'activité sexuelle des enfants et des pervers sous les mêmes points de vue que celle des adultes normaux, alors que la première était jusqu'ici totalement négligée, tandis que la seconde était accueillie certes avec de l'indignation morale, mais sans aucune compréhension. Au regard de la conception psychanalytique, les perversions les plus étranges et les plus répugnantes s'expliquent également comme la manifestation de pulsions sexuelles partielles, qui se sont soustraites au primat génital et qui, comme aux temps primitifs du développement libidinal, vont à la chasse au plaisir de manière autonome. La plus importante de ces perversions, l'homosexualité, mérite à peine ce nom. On peut la faire remonter à la bisexualité constitutionnelle et aux répercussions du primat phallique; la psychanalyse permet de démontrer chez tout un chacun une part de choix d'objet homosexuel. Si l'on a qualifié les enfants de « pervers polymorphes [d] », il ne s'agissait là que d'une description dans les termes du langage courant; cela ne doit point véhiculer un jugement de valeur moral. De tels verdicts ne sont pas d'une manière générale le fait de la psychanalyse.

Le second des prétendus élargissements se justifie par la référence à l'investigation psychanalytique, qui montre que toutes ces motions affectives tendres étaient à l'origine des aspirations sexuelles de part en part, qui ont été ensuite « inhibées quant au but » ou « sublimées ». C'est sur cette aptitude des

d. Cf. *Trois essais...* (Freud, 1905*d*), p. 86.

pulsions sexuelles à se laisser influencer et détourner que repose également le fait qu'elles peuvent être utilisées pour des productions culturelles variées auxquelles elles fournissent les contributions les plus importantes.

Les découvertes surprenantes sur la sexualité de l'enfant ont été d'abord acquises par l'analyse d'adultes, mais elles ont pu être ensuite, à partir de 1908 environ, confirmées par des observations directes d'enfants, jusque dans les détails et avec toute la profusion désirable [e]. Il est en vérité si facile de se convaincre des activités sexuelles régulières des enfants qu'on peut se demander avec étonnement comment les hommes ont pu faire pour ne pas s'apercevoir de ces faits et pour maintenir si longtemps la légende, forgée par leur désir, d'une enfance asexuée. Cela doit être lié à l'amnésie de la plupart des adultes à l'égard de leur propre enfance.

e. Cf. l'analyse du « petit Hans » (1909*b*).

Les doctrines de la résistance et du refoulement,
de l'inconscient, de la signification étiologique de
la vie sexuelle et de l'importance des expériences
vécues dans l'enfance sont les principaux éléments
de l'édifice théorique de la psychanalyse. Je regrette
de n'avoir pu les décrire ici que comme entités
isolées sans montrer comment elles se décomposent
et s'articulent entre elles. Il est maintenant temps
d'aborder les modifications qui ont peu à peu affecté
la technique du procédé analytique.

Les pressions et les assurances mises en jeu au
début pour surmonter la résistance avaient été indispensables, pour fournir au médecin les premières
directions dans lesquelles il avait à orienter son
attente. Mais, à la longue, elles devinrent trop
fatigantes pour les deux parties, et elles ne paraissaient pas exemptes de certains inconvénients assez
évidents. Elles furent donc relayées par une autre
méthode qui était en un certain sens leur contraire.
Au lieu d'inciter le patient à dire quelque chose

sur un sujet déterminé, on l'invitait à présent à s'abandonner à l'« association » libre, en d'autres termes à dire tout ce qui pouvait lui venir à l'esprit, quand il s'abstenait de toute représentation consciente d'un but. Il devait simplement s'engager à vraiment faire part de tout ce que lui fournissait sa perception de lui-même, et à ne pas céder aux objections critiques qui voulaient mettre de côté certaines pensées [*Einfälle*], sous le prétexte qu'elles n'étaient pas assez importantes, qu'elles étaient hors sujet ou qu'elles étaient tout simplement absurdes. Quant à l'exigence de la sincérité dans la communication, il n'était pas besoin de la renouveler expressément, puisqu'elle était le présupposé de la cure analytique.

Que ce procédé de l'association libre accompagné du respect de la *règle fondamentale de la psychanalyse* dût permettre ce qu'on attendait de lui, à savoir amener à la conscience le matériel refoulé et tenu à l'écart par des résistances, voilà qui a de quoi déconcerter. Simplement, il faut prendre en compte que l'association libre n'est pas vraiment libre. Le patient reste soumis à l'influence de la situation analytique, même s'il ne dirige pas son activité de pensée sur un sujet déterminé. On est en droit de supposer qu'il ne lui viendra à l'idée rien d'autre que ce qui est en rapport avec cette situation. Sa résistance à la reproduction du refoulé se manifestera désormais de deux manières. Premièrement par les objections critiques que vise précisément la règle fondamentale. Mais si, se conformant à la règle, le

66

patient surmonte ces réticences, la résistance trouve une autre expression. Elle fera en sorte que ce qui vient à l'idée de l'analysé ne soit jamais le refoulé lui-même, mais seulement quelque chose qui se rapproche de celui-ci sur le mode d'une allusion, et plus grande sera la résistance, plus la pensée de substitution à communiquer s'éloignera de ce qu'on cherche à proprement parler. L'analyste, qui écoute avec attention, mais sans effort, et qui, de par son expérience, est en général préparé à ce qui va venir, peut à présent mettre à profit le matériel que le patient met au jour suivant deux possibilités. Ou bien il réussit, dans le cas d'une résistance réduite, à deviner par lui-même le refoulé à partir des allusions, ou bien, dans le cas d'une résistance plus importante, il peut, à partir des pensées qui paraissent s'éloigner du sujet, reconnaître de quoi est faite cette résistance, et le communiquer alors au patient. Or la mise au jour de la résistance est le premier pas qui conduit à la surmonter. Ainsi se constitue dans le cadre du travail analytique un *art de l'interprétation,* dont le maniement concluant demande certes du doigté et de la pratique, mais qui n'est pas 67 difficile à apprendre. La méthode de l'association libre présente de grands avantages par rapport à la précédente, et pas seulement celui d'épargner de la fatigue. Elle expose l'analysé à la dose minimale de contrainte, elle ne perd jamais le contact avec le présent effectif, et garantit largement qu'on ne néglige aucun facteur dans la structure de la névrose et qu'on n'y introduit rien à partir de sa propre attente. Dans ce cadre, on s'en remet pour l'essentiel au patient du soin de déterminer le cheminement de l'analyse et l'ordonnancement du matériau, d'où il devient impossible de se livrer à une analyse systématique des symptômes et des complexes pris isolément. Tout à fait à l'opposé de ce qui se passe dans le procédé hypnotique ou incitatif, on est informé des éléments qui vont ensemble en des temps et en des points divers du traitement. Pour un auditeur occasionnel — dont la présence n'est en fait pas autorisée — la cure analytique serait de ce fait tout à fait opaque.

Un autre avantage de la méthode est qu'elle ne peut à vrai dire jamais aboutir à une impasse. Il doit être en théorie toujours possible d'avoir une idée, si l'on renonce à toute exigence quant à la qualité de celle-ci. Il est vrai qu'une telle impasse se produit d'une manière tout à fait régulière dans un cas, mais, du fait justement de son caractère isolé, ce cas devient lui aussi interprétable.

Je m'approche maintenant de la description d'un facteur qui ajoute un trait essentiel au tableau de l'analyse et dont on peut affirmer, tant pour la technique que pour la théorie, qu'il est de la plus grande importance. Dans chaque traitement analytique, s'instaure, sans aucune intervention du médecin, une relation affective intense du patient à la personne de l'analyste, relation qui ne peut s'expliquer par aucune des circonstances réelles. Elle est

70

de nature positive ou négative, va de l'état amou-
reux passionnel, pleinement sensuel, jusqu'à l'expression extrême de la révolte, de l'exaspération et
de la haine. Cette relation, qu'on appelle, pour faire
bref, *transfert,* prend bientôt la place chez le patient
du désir de guérir et devient, tant qu'elle est tendre
et modérée, le support de l'influence médicale et le 68
ressort véritable du travail analytique commun. Plus
tard, quand le transfert est devenu passionnel ou
qu'il s'est renversé en sentiments hostiles, il devient
l'outil principal de la résistance. Alors il arrive aussi
qu'il paralyse l'activité associative du patient et qu'il
mette en danger la réussite du traitement. Mais il
serait absurde de vouloir l'éviter; une analyse sans
transfert est impossible. Il ne faut pas croire que
c'est l'analyse qui crée le transfert et que celui-ci
ne se rencontre que chez elle. Le transfert est seulement mis à jour et isolé par l'analyse. Il est un
phénomène universellement humain, décide de la
réussite de toute influence médicale, il domine même
d'une manière générale les relations d'un individu
à son entourage humain. Il n'est pas difficile de
reconnaître en lui le facteur dynamique que les
hypnotiseurs ont nommé suggestibilité, qui est le
vecteur du rapport hypnotique, et dont la méthode
cathartique eut aussi à déplorer le caractère impré-
visible. Là où ce penchant au transfert affectif fait
défaut, ou bien là où il est devenu de part en part
négatif, comme dans la démence précoce et la pa-

ranoïa, la possibilité d'une influence psychique sur le malade se trouve du même coup supprimée.

Il est tout à fait juste que la psychanalyse travaille aussi par le moyen de la *suggestion,* comme d'autres méthodes psychothérapeutiques. Mais la différence est qu'ici on ne s'en remet pas à celle-ci – suggestion ou transfert – pour décider du succès thérapeutique. Elle est bien plutôt utilisée pour inciter le malade à produire un travail psychique – à surmonter ses résistances transférentielles – qui entraîne une transformation durable de son économie psychique. Le transfert est amené par l'analyste à la conscience du malade, il est résolu dans la mesure où on le convainc que, dans son comportement transférentiel, il *revit* des relations affectives qui sont issues de ses investissements d'objet les plus précoces, dans la période refoulée de son enfance. Par un tel retournement, d'arme la plus puissante de la résistance qu'il était, le transfert devient le meilleur instrument de la cure analytique. Il reste que son maniement est la part la plus difficile, aussi bien que la plus importante, de la technique analytique.

Grâce au procédé de l'association libre et de l'art de l'interprétation qui s'y rattache, la psychanalyse réussit une prouesse qui était apparemment d'une faible portée pratique, mais qui devait lui assurer en réalité une position et une considération tout à fait nouvelles au sein de l'activité scientifique. Il devenait possible de démontrer que les rêves ont un sens et de deviner ce sens. Dans l'Antiquité classique encore, les rêves étaient hautement appréciés en tant que prédictions de l'avenir; la science moderne ne voulait rien savoir du rêve, l'abandonnait à la superstition, le considérait comme un acte purement « corporel », une sorte de tressaillement de la vie psychique par ailleurs endormie. Que quelqu'un qui avait produit un travail scientifique sérieux pût se présenter comme un « oniromancien », voilà qui paraissait exclu. Mais si l'on ne se souciait pas d'une telle condamnation du rêve, si on le traitait comme un symptôme névrotique incompris, une idée délirante ou compulsionnelle, si l'on faisait abstraction de son contenu apparent et prenait ses images isolées comme objet de la libre association, alors on parvenait à un autre résultat. Par le biais des nombreuses idées qui venaient au rêveur, on prenait connaissance d'un réseau de pensées qu'on ne pouvait plus qualifier d'absurde ou de confus, qui correspondait à une production psychique à part entière, et dont le rêve *manifeste* n'était qu'une traduction déformée, abrégée et mal comprise, la plupart du temps une traduction en images visuelles. Ces *pensées latentes du rêve* contenaient le sens du rêve, le contenu manifeste de celui-ci n'était qu'une illusion, une façade, à laquelle certes l'association pouvait se raccrocher, mais non l'interprétation.

On était alors tenu de répondre à toute une série de questions, les plus importantes étant celles de savoir s'il y avait donc un motif à la formation des rêves, à quelles conditions elle pouvait s'effectuer, par quelles voies s'opère la translation des pensées du rêve, toujours sensées, en un rêve souvent privé de sens, etc. Dans mon *Interprétation du rêve*, publié en 1900, j'ai essayé de venir à bout de tous ces problèmes. C'est seulement le résumé le plus bref de cette étude qui peut trouver place ici : si l'on étudie les pensées latentes du rêve, dont on a été informé par l'analyse de celui-ci, on en trouve une parmi elles qui se détache nettement des autres, qui sont raisonnables et bien connues du rêveur. Ces autres sont des restes de la vie éveillée (restes diurnes); mais, dans cette pensée isolée, on reconnaît souvent une motion de désir très scabreuse, qui est étrangère à la vie éveillée du rêveur, et qu'en conséquence, d'ailleurs, il dénie avec stupeur ou indignation. Cette motion est l'élément proprement formateur du rêve, c'est elle qui a fourni l'énergie pour la production du rêve et qui s'est servi des restes diurnes comme d'un matériau; le rêve ainsi constitué représente pour elle une situation de satisfaction, il est *l'accomplissement de son désir*. Ce processus ne serait pas devenu possible si quelque chose dans la nature de l'état de sommeil ne l'avait pas favorisé. Le présupposé psychique du sommeil est le réglage du moi sur le désir de sommeil et le désinvestissement de tous les intérêts de la vie; étant donné que les accès à la motilité sont en même temps barrés, le moi peut diminuer la dépense au prix de laquelle il maintient d'habitude les refou-

74

lements. La motion inconsciente met à profit ce relâchement nocturne du refoulement pour opérer, par le biais du rêve, une percée jusqu'à la conscience. Mais, par ailleurs, la résistance refoulante du moi n'est pas non plus abolie dans le sommeil, elle est seulement diminuée. Un vestige d'elle est resté sous la forme de la *censure du rêve,* qui interdit maintenant à la motion de désir inconsciente de s'exprimer dans les formes qui lui seraient vraiment appropriées. Par suite de la rigueur de la censure du rêve, les pensées latentes du rêve doivent se plier à des modifications et à des atténuations qui rendent méconnaissable le sens prohibé du rêve. Telle est l'explication de la *déformation du rêve,* à laquelle le rêve manifeste doit ses caractères les plus frappants. D'où la justification de cette thèse que : *le rêve est* 71 *l'accomplissement (camouflé) d'un désir (refoulé).* Nous nous apercevons dès à présent que le rêve est bâti comme un symptôme névrotique, il est une formation de compromis entre la demande d'une motion pulsionnelle refoulée et la résistance d'une puissance censurante dans le moi. Pour avoir la même genèse, il est du reste tout aussi incompréhensible que le symptôme, et nécessite au même titre que lui une interprétation.

La fonction générale de l'acte de rêver est facile à découvrir. Il sert à écarter par une sorte de mise en sourdine les excitations externes et internes qui susciteraient l'éveil, et à garantir ainsi le sommeil contre la perturbation. L'excitation externe est écartée du fait qu'elle est réinterprétée et entremêlée à quelque situation anodine; quant à l'excitation interne de la demande pulsionnelle, le dormeur lui laisse libre cours et lui permet de se satisfaire par la formation d'un rêve, pour autant que les pensées latentes du rêve ne se soustraient pas au contrôle de la censure. Mais si ce danger se fait jour et si le rêve devient trop explicite, le dormeur interrompt le rêve et s'éveille avec effroi *(rêve d'angoisse)*. La même mise en échec de la fonction du rêve se produit lorsque l'excitation externe devient si forte qu'on ne peut plus l'écarter *(rêve de réveil)*. Le processus qui, avec la coopération de la censure du rêve, transcrit les pensées latentes dans le contenu manifeste du rêve, je l'ai appelé *travail du rêve*. Il consiste en un traitement singulier du matériel de pensées préconscientes, au cours duquel les éléments de celui-ci sont *condensés,* leurs accents psychiques *déplacés,* le tout étant transposé ensuite en images visuelles, *dramatisé,* et complété par une *élaboration secondaire* sujette à être mal comprise. Le travail du rêve est un excellent échantillon des processus à l'œuvre dans les couches profondes, inconscientes, de la vie psychique, lesquels se distinguent notablement des processus de pensée normaux qui nous sont connus. Elle met aussi en évidence un certain nombre de traits archaïques, par exemple l'usage d'une *symbolique* qui est en l'occurrence à prédominance sexuelle, et qu'on a retrouvée ensuite dans d'autres domaines de l'activité intellectuelle.

Du fait que la motion pulsionnelle inconsciente
du rêve entre en rapport avec un reste diurne, une
préoccupation de la vie éveillée qui n'a pas été
menée à terme, elle confère au rêve qu'elle a formé
une double valeur pour le travail analytique. En
effet, le rêve interprété s'avère être pour une part
l'accomplissement d'un désir refoulé; il se peut
d'autre part qu'il ait poursuivi l'activité de pensée
préconsciente de la journée et qu'il se soit empli
d'un contenu quelconque, qu'il exprime un projet,
un avertissement, une réflexion et à son tour l'accomplissement d'un désir. L'analyse en tire parti
dans les deux directions, tant pour la connaissance
des processus conscients qu'inconscients chez l'analysé. Elle met également à profit le fait que la
matière oubliée de la vie infantile est accessible au
rêve, de sorte que l'amnésie infantile se trouve la
plupart du temps surmontée à la suite d'interprétations de rêves. Le rêve s'acquitte ici d'une part
de la tâche qui était autrefois dévolue à l'hypnose.
En revanche, je n'ai jamais avancé l'affirmation,
qu'on m'attribue souvent, suivant laquelle l'interprétation des rêves révélerait que tous les rêves ont
un contenu sexuel ou se ramènent à des forces
pulsionnelles sexuelles. Il est facile de s'apercevoir
que la faim, la soif et le besoin d'excréter sont tout
aussi à même de produire des rêves de satisfaction
que n'importe quelle motion sexuelle ou égoïste
refoulée. Les petits enfants nous fournissent une
épreuve commode de la justesse de notre théorie

du rêve. Ici, où les différents systèmes psychiques ne sont pas encore nettement différenciés, où les refoulements ne sont pas encore très profondément constitués, on est souvent informé de rêves qui ne sont rien d'autre que des accomplissements non déguisés de quelques motions désirantes résiduelles de la journée. Sous l'emprise de besoins impérieux, des adultes peuvent produire aussi de tels rêves de type infantile [1].

À l'instar de l'interprétation des rêves, l'analyse se sert aussi de l'étude des menus actes manqués et actions symptomatiques si fréquents chez les humains, auxquels j'ai consacré une recherche, *Psychopathologie de la vie quotidienne,* qui a été publiée pour la première fois sous forme de livre en 1904. Le contenu de cet ouvrage très lu est constitué par la démonstration que ces phénomènes ne sont rien de fortuit, qu'ils débordent leurs explications physiologiques, qu'ils sont pleins de sens et interprétables et qu'ils permettent de conclure à des motions et intentions réprimées ou refoulées. Mais la valeur dominante de *L'Interprétation du rêve* ainsi que de cette étude ne gît pas dans le soutien qu'elles apportent au travail analytique, mais dans une autre de leurs qualités. Jusque-là la psychanalyse s'était

1. *Addition de 1935 :* Si l'on prend garde à l'échec si fréquent de la fonction du rêve, on peut caractériser le rêve de manière adéquate comme *tentative* d'accomplissement d'un désir. Ce qui demeure indiscuté, c'est l'antique définition du rêve par Aristote comme vie psychique pendant le sommeil. Ce n'est pas sans raison que je n'ai pas intitulé mon livre « Le Rêve », mais « L'Interprétation du rêve » (1900*a*).

contentée de démontrer des phénomènes pathologiques et, pour les expliquer, elle avait été contrainte
à des hypothèses dont la portée était disproportion-
née avec l'importance de la matière traitée. Mais le
rêve, auquel elle s'attaqua ensuite, n'était pas un
symptôme morbide, il était un phénomène de la
vie psychique normale, et pouvait se produire chez
tout homme en bonne santé. Si le rêve est bâti
comme un symptôme, si son explication nécessite
les mêmes hypothèses, à savoir le refoulement de
motions pulsionnelles, les formations de substitu-
tions et de compromis, et les différents systèmes
psychiques qui abritent le conscient et l'inconscient,
alors la psychanalyse n'est plus une science auxiliaire
de la psychopathologie, alors elle est bien plutôt
l'instauration d'une psychologie [*Seelenkunde*] nouvelle et plus approfondie, qui devient également
indispensable pour la compréhension du normal.
On est autorisé à étendre ses présupposés et ses
résultats à d'autres domaines de l'activité psychique
et intellectuelle; la route du lointain, de l'intérêt
universel, lui est ouverte.

J'interromps ici la présentation de la croissance interne de la psychanalyse, et je me tourne vers ses destinées externes. Ce que j'ai jusqu'ici communiqué de ses acquis était pour l'essentiel le résultat de mon travail; mais j'ai également inséré dans ce contexte des résultats ultérieurs et je n'ai pas distingué les apports de mes élèves et partisans de ceux qui m'étaient propres.

Pendant plus d'une décennie après ma séparation d'avec Breuer, je n'ai pas eu de partisans. J'étais totalement isolé. À Vienne on m'évitait, à l'étranger on ne s'intéressait pas à moi. *L'Interprétation du rêve,* paru en 1900, fut à peine mentionné dans les revues spécialisées. Dans l'essai *Contribution à l'histoire du mouvement psychanalytique,* j'ai donné comme exemple de la position des milieux psychiatriques à Vienne une conversation avec un assistant qui avait écrit un livre contre mes théories, mais n'avait pas lu *L'Interprétation du rêve.* On lui avait dit à la clinique que ça ne valait pas la peine. L'intéressé, devenu depuis maître de conférences [*Extraordinarius*], s'est permis de démentir que tel ait été le contenu de cet entretien et de mettre globalement en doute la fidélité de mon souvenir. Je maintiens chaque mot de ce que j'en ai alors rapporté [a].

Lorsque j'eus compris le caractère inévitable des obstacles auxquels je me heurtais, ma susceptibilité diminua notablement. Peu à peu l'isolement prit également fin. D'abord un petit cercle d'élèves se regroupa autour de moi à Vienne; après 1906, on apprit que les psychiatres zurichois, E. Bleuler [b], son assistant C. G. Jung et d'autres, manifestaient pour la psychanalyse un vif intérêt. Des relations personnelles se nouèrent; à Pâques 1908, les amis de la jeune science se réunirent à Salzbourg, se mirent d'accord pour que de tels congrès eussent lieu à intervalles réguliers et pour éditer une revue qui prit le titre de *Jahrbuch für psychoanalytische und psychopathologische Forschungen* (Annales de recherches psychanalytiques et psychopathologiques) et dont la rédaction incomba à Jung. Les éditeurs étaient Bleuler et moi-même; on en arrêta ensuite la publication au début de la guerre mondiale. En même temps que le ralliement des Suisses, l'intérêt pour la psychanalyse s'était également éveillé partout en Allemagne, elle fit l'objet de nombreuses

75

a. Cf. *Contribution à l'histoire du mouvement psychanalytique* (Freud, 1914*d*), p. 91.
b. Eugen Bleuler (1857-1939) dirigeait le Burghölzli, l'hôpital psychiatrique de la ville de Zurich.

prises de position littéraires et de vives discussions lors de congrès scientifiques. Nulle part elle ne fut accueillie avec sympathie ou une attente bienveillante. Après avoir très brièvement pris connaissance de la psychanalyse, la science allemande fut unanime dans son rejet.

Aujourd'hui non plus, je ne peux évidemment pas savoir quel sera le jugement définitif de la postérité sur la valeur que revêt la psychanalyse pour la psychiatrie, la psychologie et les sciences de l'esprit. Mais je pense que le jour où la phase que nous venons de traverser trouvera son historiographe, celui-ci devra reconnaître que le comportement de ses représentants d'alors n'a pas fait honneur à la science allemande. Disant cela, je ne me réfère pas au fait du refus en lui-même ou au caractère péremptoire de celui-ci; ces deux choses étaient faciles à comprendre, ne faisaient que répondre à mon attente et ne pouvaient en tout cas pas jeter d'ombre sur la personne des adversaires. Mais au degré d'orgueil, de mépris sans scrupule de la logique qui éclatèrent alors, à la brutalité et à l'indélicatesse des attaques, il n'y a aucune excuse. On peut me remontrer qu'il est puéril de laisser encore libre cours, au bout de quinze ans, à une telle susceptibilité; je ne le ferais d'ailleurs pas si je n'avais encore autre chose à ajouter. Des années plus tard, lorsque, pendant la guerre mondiale, un chœur d'ennemis lança contre la nation allemande le reproche de barbarie, qui récapitule tout ce que

76

83

je viens de dire, cela me peina douloureusement de ne pouvoir y apporter le démenti de ma propre expérience [c].

L'un de mes adversaires [d] se vantait à grand bruit qu'il interdisait ses patients de parole quand ils se mettaient à parler de choses sexuelles, et déduisait manifestement de cette technique le droit de porter un jugement sur le rôle étiologique de la sexualité dans les névroses. Mis à part les résistances affectives qui, à partir de la théorie psychanalytique, s'expliquaient si facilement qu'elles ne pouvaient nous décontenancer, l'obstacle principal à la compréhension mutuelle me paraissait lié au fait que mes adversaires voyaient dans la psychanalyse le produit de mon imagination spéculative et ne voulaient pas croire au long et patient travail sans présupposé que m'avait coûté son édification. Étant donné qu'à leur avis, l'analyse n'avait rien à faire avec l'observation et l'expérience, ils se considéraient du même coup comme justifiés à la rejeter sans expérience propre. D'autres, qui ne se sentaient pas aussi assurés dans une telle conviction, répétèrent la classique manœuvre de résistance qui consiste à ne pas regarder dans le microscope, pour ne pas voir ce qu'ils avaient contesté. Il est d'une manière générale étrange de voir avec quelle incorrection la plupart des gens

c. Cf. un paragraphe de « Considérations actuelles sur la guerre et la mort », écrit pendant la guerre (1915*b*).
d. Dans les éditions de 1924, 1928 et 1948, ce paragraphe était imprimé en petits caractères.

se conduisent quand, à propos d'une chose nouvelle, ils sont renvoyés à leur propre jugement. Pendant bien des années, et aujourd'hui encore, il m'est arrivé d'entendre des critiques « bienveillants » affirmer que la psychanalyse avait raison jusqu'à tel ou tel point, mais qu'à partir de là sa prétention devenait excessive, sa généralisation injustifiée. Mais moi je sais qu'il n'est rien de plus malaisé que de tracer de telles délimitations et que les critiques ignoraient encore tout du sujet quelques jours ou quelques semaines auparavant.

L'anathème officiel contre la psychanalyse eut pour conséquence de resserrer les rangs des analystes. Au deuxième congrès, à Nuremberg en 1910, ils s'organisèrent sur la proposition de S. Ferenczi en une « Association psychanalytique internationale », qui se subdivisait en groupes locaux et se trouvait placée sous la direction d'un président. Cette Association a survécu à la guerre mondiale, elle existe aujourd'hui encore et comprend les groupes locaux de Vienne, Berlin, Budapest, Zurich, Londres, de la Hollande, de New York, un groupe panaméricain, un groupe à Moscou et à Calcutta [e]. Comme premier président je fis élire C. G. Jung, décision qui s'avéra par la suite bien malheureuse. La psychanalyse se donna alors une deuxième revue, le

77

e. La « Standard Edition » dit ici : « ... *consiting to-day of branch societies in Austria, Germany, Hungary, Switzerland, Great Britain, Holland, Russia and India, as well as two in the United States.* » Elle signale en note que l'auteur a approuvé ce changement en vue de la traduction anglaise.

Zentralblatt für Psychoanalyse, dont la rédaction fut confiée à Adler et à Stekel, et peu de temps après une troisième, *Imago,* destinée par les non-médecins H. Sachs et O. Rank aux applications de l'analyse aux sciences de l'esprit. Là-dessus, Bleuler publia sa défense de la psychanalyse (*La Psychanalyse de Freud,* 1910). Si réjouissant qu'il fût de voir que pour une fois, dans la controverse, la justice et la logique honnête prenaient aussi la parole, le travail de Bleuler ne put toutefois me satisfaire pleinement. Il faisait trop d'efforts pour se donner l'apparence de l'impartialité; ce n'a pas été un hasard si ce fut justement à son auteur que nous dûmes l'introduction dans notre science du précieux concept de l'*ambivalence.* Dans des essais ultérieurs, Bleuler s'est comporté d'une manière si négative à l'égard de l'édifice théorique de l'analyse, il a mis en doute et rejeté des parts si essentielles de celui-ci, que j'ai pu me demander avec étonnement ce qui restait de sa reconnaissance [première]. Et pourtant, même plus tard, non seulement il a émis les opinions les plus chaleureuses en faveur de la « psychologie des profondeurs », mais il a même fondé sur elle sa présentation de grande envergure des schizophrénies. Par ailleurs, Bleuler ne resta pas longtemps à l'« Association psychanalytique internationale », il la quitta à la suite de dissensions avec Jung, et le « Burghölzli [f] » fut perdu pour l'analyse.

f. Cf. *supra,* note b.

La contradiction officielle ne put entraver l'extension de la psychanalyse ni en Allemagne ni dans les autres pays. J'ai en un autre lieu *(Contribution à l'histoire du mouvement psychanalytique)* retracé les étapes de son développement et j'y ai également mentionné les personnalités qui se sont distinguées comme ses représentants. En 1909 Jung et moi avions été appelés par G. Stanley Hall en Amérique, pour y faire des conférences (en langue allemande) à la Clark University de Worcester (Mass.), dont il était président, à l'occasion du vingtième anniversaire de la fondation de cet institut. Hall était à juste titre un psychologue et pédagogue de renom, qui avait intégré déjà depuis des années la psychanalyse à son enseignement; il y avait en lui quelque chose du « faiseur de rois », qui se plaisait à introniser les autorités pour les démettre ensuite. Nous rencontrâmes également là-bas James J. Putnam, le neurologue de Harvard, qui s'enthousiasmait pour la psychanalyse en dépit de son âge, et qui s'employait de tout le poids de sa personnalité universellement respectée à défendre sa valeur culturelle et la pureté de ses intentions. La seule chose qui nous gênait chez cet homme éminent, dont les orientations étaient, par suite d'une réaction à des dispositions obsessionnelles, à prédominance éthique, était l'exigence qu'il nous faisait de rattacher la psychanalyse à un système philosophique déterminé et de la mettre

78

au service d'aspirations morales [g]. Une rencontre avec le philosophe William James me laissa également une impression durable. Je n'oublierai jamais cette petite scène où, au milieu d'une promenade, il s'arrêta brusquement, me confia sa serviette et me pria de continuer à marcher, en disant qu'il me rejoindrait dès qu'il serait débarrassé de l'accès d'angine de poitrine qu'il sentait imminent. Il mourut du cœur un an plus tard; j'ai toujours souhaité depuis avoir une impavidité comparable à l'approche de la fin de ma vie.

Je n'avais à l'époque que cinquante-trois ans, je me sentais juvénile et bien portant, ce bref séjour dans le Nouveau Monde fut d'une manière générale bénéfique pour mon amour-propre; en Europe je me sentais en quelque sorte proscrit, ici je me voyais accueilli par les meilleurs comme un de leurs pairs. Ce fut comme l'accomplissement d'un rêve diurne invraisemblable, lorsque je montai à la chaire de Worcester afin d'y donner les « Cinq leçons sur la psychanalyse » [1910]. La psychanalyse n'était donc plus une formation délirante, elle était devenue une part précieuse de la réalité. Depuis notre visite, elle est d'ailleurs restée solidement accrochée au sol américain, elle est devenue extrêmement populaire chez les non-médecins, et elle est reconnue par beaucoup de psychiatres officiels comme un élément important de l'enseignement médical. Malheureu-

g. Cf. la nécrologie de Putnam par Freud (1919*b*) et la préface de Freud au recueil des écrits de Putnam (1921*a*).

sement, elle y a été aussi très édulcorée. Maint abus, qui n'a rien à faire avec elle, se couvre de son nom, il n'y a pas assez d'occasions de recevoir une formation approfondie dans sa technique et sa théorie. Elle se heurte aussi en Amérique au *behaviourisme*, qui se vante dans sa naïveté d'avoir éliminé purement et simplement le problème psychologique.

En Europe s'opérèrent dans les années 1911-1913 deux mouvements schismatiques dans la psychanalyse, mis en branle par des personnes qui avaient joué jusque-là un rôle éminent dans la jeune science, ceux d'Alfred Adler et de C. G. Jung. Tous deux paraissaient fort dangereux et rallièrent rapidement un grand nombre de partisans. Cependant ils devaient leur force non à leur contenu propre, mais à la tentation de se dégager des résultats de la psychanalyse ressentis comme scabreux, même si l'on ne déniait plus le matériel qu'elle avait effectivement mis au jour. Jung essaya de réinterpréter les faits analytiques en termes abstraits, impersonnels et anhistoriques, pensant par là faire l'économie d'une prise en compte de la sexualité infantile et du complexe d'Œdipe ainsi que de la nécessité de l'analyse de l'enfance. Adler semblait s'éloigner encore plus de la psychanalyse, il rejetait en bloc l'importance de la sexualité, ramenait la formation du caractère ainsi que de la névrose exclusivement à l'aspiration des humains à la puissance et au besoin de compenser leurs infériorités constitutionnelles, et envoyait promener tous les acquis psychologiques nouveaux de la psychanalyse. Mais ce qu'il a rejeté s'est réintroduit de force sous un autre nom dans son système clos; sa « protestation virile » n'est rien d'autre que le refoulement sexualisé à tort. La critique traita les deux hérétiques avec une grande clémence; la seule chose que je pus obtenir fut qu'Adler aussi bien que Jung renonçassent à donner à leurs doctrines l'appellation de « psychanalyse ». On peut aujourd'hui constater, une décennie plus tard, que ces deux tentatives sont passées à côté de la psychanalyse sans lui causer de préjudice.

Quand une communauté est fondée par un accord sur quelques points cardinaux, il va de soi que ceux qui abandonnent ce terrain commun s'éliminent d'eux-mêmes. Mais on m'a souvent fait porter la responsabilité de l'apostasie d'élèves anciens en y voyant un signe de mon intolérance ou l'expression d'une fatalité particulière qui pèserait sur moi. Qu'il suffise de rappeler à l'encontre de cela que ceux qui m'ont quitté, comme Jung, Adler, Stekel et un petit nombre d'autres, ont en face d'eux un grand nombre de personnes qui, comme Abraham, Eitingon, Ferenczi, Rank, Jones, Brill, Sachs, le pasteur Pfister, van Emden, Reik, etc., m'assurent depuis environ quinze ans de leur fidèle collaboration et me sont même attachés pour la plupart par une amitié sans nuages. Je n'ai nommé ici que les plus anciens parmi mes élèves, ceux qui se sont déjà fait une réputation dans la littérature psychanalytique; que d'autres que je passe sous silence n'y voient pas un rejet : parmi les jeunes et ceux qui sont venus sur le tard se trouvent justement des talents sur lesquels on peut fonder de grandes espérances. Je peux donc sans doute faire valoir en ma faveur qu'un homme intolérant et obnubilé par une prétention à l'infaillibilité n'aurait jamais pu s'attacher une cohorte aussi importante d'esprits remarquables, surtout quand il ne pouvait se prévaloir de plus de moyens de séduction que moi.

La guerre mondiale, qui a détruit tant d'autres organisations, n'a pas eu de prise sur notre « Internationale ». La première réunion après la guerre a eu lieu en 1920 à La Haye, en terrain neutre. Ce fut touchant de voir l'hospitalité hollandaise prendre en charge ces gens affamés et appauvris venus de l'Europe centrale; ce fut aussi à ma connaissance la première fois que, dans un monde détruit, des Anglais et des Allemands s'assirent en toute amitié à la même table en raison d'intérêts scientifiques. La guerre avait même accru, tant en Allemagne que dans les pays occidentaux, l'intérêt pour la psychanalyse. L'observation des névrosés de guerre avait enfin ouvert les yeux des médecins sur l'importance de la psychogenèse pour les troubles névrotiques, quelques-unes de nos conceptions psychologiques, le « bénéfice de la maladie », la « fuite dans la maladie », eurent tôt fait de se vulgariser. Lors du dernier congrès avant l'effondrement (à Budapest en 1918), les gouvernements alliés des puissances d'Europe centrale avaient envoyé des représentants offi-

81

ciels qui promirent la création d'établissements psychanalytiques pour le traitement des névrosés de guerre. Mais cela ne se fit plus. De même, les projets à longue portée de l'un de nos meilleurs membres, le Dr Anton von Freund, projets qui visaient à créer à Budapest une centrale pour l'enseignement et la thérapie psychanalytiques, échouèrent du fait des bouleversements politiques qui intervinrent peu après et de la mort prématurée de cet homme irremplaçable [h]. Max Eitingon réalisa plus tard une partie de ses desseins, en créant à Berlin en 1920 une policlinique psychanalytique. Pendant la brève durée du pouvoir bolchevique en Hongrie, Ferenczi put encore déployer une activité d'enseignement couronnée de succès en tant que représentant officiel de la psychanalyse à l'université. Après la guerre, il plut à nos adversaires de proclamer que l'expérience avait apporté un argument décisif à l'encontre de la justesse des affirmations de la psychanalyse. Les névroses de guerre auraient fourni la preuve de la superfluité des facteurs sexuels dans l'étiologie des affections névrotiques. Seulement, c'était là un triomphe frivole et prématuré. Car, d'une part, personne n'avait pu mener à terme l'analyse approfondie d'un cas de névrose de guerre, on ne savait tout simplement rien de sûr quant à leur motivation, et une telle ignorance n'autorisait pas à tirer de conclusions. Mais, d'autre part, la psychanalyse avait de-

h. C'est Freud qui rédigea sa nécrologie (1920*c*).

puis longtemps dégagé le concept du narcissisme et de la névrose narcissique, qui avait pour contenu l'accrochage de la libido au moi propre, au lieu d'un objet [i]. Cela revient donc à dire qu'on reprochait habituellement à la psychanalyse d'avoir élargi de manière illégitime le concept de la sexualité; mais quand, dans la polémique, on trouvait cela plus commode, on oubliait ce délit, pour lui opposer alors la sexualité dans son acception la plus étroite.

L'histoire de la psychanalyse se divise pour moi en deux périodes, compte non tenu de la préhistoire cathartique. Au cours de la première, j'étais seul et devais faire tout le travail moi-même; ainsi en allat-il de 1895-1896 à 1906 ou 1907. Au cours de la deuxième période, c'est-à-dire à partir de là jusqu'aujourd'hui, les contributions de mes élèves et de mes collaborateurs ont pris de plus en plus d'importance, de sorte que maintenant, averti par une maladie grave de ma fin prochaine, je peux envisager en toute tranquillité intérieure la cessation de ma propre production. Mais cela exclut justement que dans le présent écrit je traite des progrès de la psychanalyse dans cette deuxième période d'une manière aussi détaillée que de son édification progressive dans la première, qui est remplie par ma seule activité. Je me sens seulement en droit de mentionner ici les nouveaux acquis auxquels j'ai eu encore une part éminente, c'est-à-dire, avant tout,

i. Cf. l'introduction de Freud à un ouvrage collectif sur les névroses de guerre (1919*d*).

93

ceux qui touchent aux domaines du narcissisme, de la théorie des pulsions et de l'application [de la psychanalyse] aux psychoses.

Je dois ajouter encore que plus l'expérience se développa, plus le complexe d'Œdipe apparut nettement comme le noyau de la névrose. Il était tant le point culminant de la vie sexuelle infantile que le nœud à partir duquel rayonnaient toutes les évolutions ultérieures. Mais cela mit fin à l'attente de découvrir par l'analyse un facteur spécifique pour la névrose. Il fallait se dire, comme Jung avait su l'exprimer de manière pertinente en ses premiers temps analytiques, que la névrose n'avait pas de contenu particulier qui fût sa propriété exclusive, et que les névrosés échouent sur les choses mêmes que les individus normaux parviennent à maîtriser heureusement. Cette découverte ne signifiait nullement une déception. Elle s'harmonisait tout à fait avec cette autre : que la psychologie des profondeurs mise au jour par la psychanalyse était justement la psychologie de la vie psychique normale. Cela s'était passé pour nous comme pour les chimistes; les grandes différences qualitatives des produits se ramenaient à des modifications quantitatives dans les proportions où se combinaient les mêmes éléments.

83   Dans le complexe d'Œdipe, la libido s'avérait liée à la représentation des personnes parentales. Mais il y avait eu auparavant une époque où tous ces objets étaient absents. Il en résultait la conception, fondamentale pour une théorie de la libido,

d'un état où celle-ci emplit le moi propre, où elle a pris celui-ci même comme objet. On pouvait appeler cet état « narcissisme » ou amour de soi. Il suffisait de réfléchir encore pour s'apercevoir qu'il ne cessait à vrai dire jamais tout à fait; pendant tout le temps de la vie, le moi reste le grand réservoir libidinal à partir duquel sont émis les investissements d'objet, et vers lequel la libido peut refluer à partir des objets. La libido narcissique se transpose donc en permanence en libido d'objet, et vice versa. Un excellent exemple de l'ampleur que peut revêtir cette transposition nous est fourni par l'énamoration sexuelle ou sublimée qui peut aller jusqu'au sacrifice de soi. Tandis que, jusqu'ici, on n'avait prêté attention qu'au refoulé, dans le processus du refoulement, ces représentations permettaient d'apprécier aussi de manière correcte le refoulant. On avait dit que le refoulement était mis en œuvre par les pulsions d'autoconservation au travail dans le moi (« pulsions du moi ») et qu'il s'appliquait aux pulsions libidinales. Maintenant, puisqu'on identifiait les pulsions d'autoconservation comme étant également de nature libidinale, comme libido narcissique, le processus du refoulement apparaissait comme un processus interne à la libido elle-même; la libido narcissique s'opposait à la libido d'objet; l'intérêt de l'autoconservation se défendait contre la demande de l'amour d'objet, donc du même coup contre celle de la sexualité au sens étroit.

En psychologie, on n'éprouve pas de besoin plus

pressant que celui d'une théorie des pulsions solidement assise sur laquelle on puisse ensuite continuer à bâtir. Seulement, nous ne disposons de rien de tel; la psychanalyse doit se mettre en quête d'une théorie des pulsions au prix d'expérimentations tâtonnantes. Elle a d'abord posé l'opposition entre pulsions du moi (autoconservation, faim) et pulsions libidinales (amour), lui substituant ensuite celle entre libido narcissique et libido d'objet. Mais ce n'était manifestement pas là le dernier mot; des considérations biologiques semblaient interdire qu'on se contentât de l'hypothèse d'une seule sorte de pulsions.

Dans les travaux de mes dernières années (« Au-delà du principe de plaisir », « Psychologie des foules et analyse du moi », « Le Moi et le Ça »), j'ai laissé libre cours à une tendance longtemps refrénée à la spéculation, et j'ai envisagé là encore une nouvelle solution du problème des pulsions. J'ai subsumé la conservation de soi et la conservation de l'espèce sous le concept d'Éros et je lui ai opposé le silencieux travail de la *pulsion de mort* ou *de destruction*. La pulsion y est conçue d'une manière tout à fait générale comme une sorte d'élasticité du vivant, comme une tendance qui pousse à restaurer une situation qui avait existé une fois et avait été supprimée par une perturbation extérieure. Cette nature par essence conservatrice des pulsions est éclairée par les phénomènes de la *compulsion de répétition*. C'est le travail convergent et antagoniste de l'Éros et de la pulsion de mort qui produit pour nous l'image de la vie.

La question de savoir si cette construction s'avérera utilisable est laissée ouverte. Elle a été, il est vrai, induite par l'effort de fixer quelques-unes des représentations théoriques les plus importantes de la psychanalyse, mais elle va bien au-delà de celle-ci. J'ai eu plusieurs fois l'occasion d'entendre dire avec dédain qu'on ne pouvait faire aucun cas d'une science dont les concepts suprêmes étaient aussi flous que ceux de la libido et de la pulsion en psychanalyse. Mais ce reproche repose sur une méconnaissance radicale du problème. Des concepts fondamentaux clairs et des définitions aux contours nets ne sont possibles dans les sciences de l'esprit que dans la mesure où celles-ci veulent englober un domaine factuel dans le cadre d'un système intellectuel constitué. Dans les sciences de la nature, dont la psychologie fait partie, une telle clarté des concepts supérieurs est superflue, voire impossible. La zoologie et la botanique n'ont pas commencé par des définitions correctes et suffisantes de l'animal et de la plante; la biologie ne sait pas, aujourd'hui encore, donner un contenu certain au concept du vivant. La physique elle-même n'aurait pas évolué comme elle l'a fait si elle avait dû attendre que ses concepts de matière, de force, de gravitation et autres atteignissent la clarté et la précision désirables. Les représentations fondamentales ou concepts suprêmes des disciplines des sciences de la nature

85

sont toujours pour commencer laissés dans l'indé-
termination, ils ne sont provisoirement éclaircis que
par la référence au domaine phénoménal dont ils
sont issus, et c'est seulement grâce à la progression
de l'analyse du matériau observé qu'ils deviennent
clairs, riches de contenu et exempts de contradiction [j]. J'ai toujours éprouvé comme une injustice
grossière le fait qu'on ne voulût pas traiter la psychanalyse à l'instar de n'importe quelle autre science
de la nature. Ce refus s'exprima par les objections
les plus obstinées. On fait grief à la psychanalyse
de chacune de ses incomplétudes et de ses imper-
fections, alors qu'une science fondée sur l'observation ne peut pourtant faire autrement que de dégager ses résultats morceau par morceau et de
résoudre ses problèmes pas à pas. Bien plus : alors
que nous nous efforcions de gratifier la fonction
sexuelle d'une reconnaissance qui lui avait été refusée si longtemps, la théorie psychanalytique fut
taxée de « pansexualisme »; et lorsque nous mîmes
l'accent sur le rôle jusque-là négligé d'impressions
accidentelles des débuts de l'adolescence, ce fut pour
nous entendre dire que la psychanalyse déniait les
facteurs constitutionnels et héréditaires, ce qui n'avait
jamais été notre idée. C'était nous apporter la contradiction à tout prix et par tous les moyens.

En des phases antérieures de ma production, j'ai
déjà fait la tentative de parvenir à des points de

j. Toute la suite de ce paragraphe a été ajoutée en 1935, mais elle
a été omise dans les *Gesammelte Werke*, publiées en 1948.

vue plus généraux à partir de l'observation analytique. En 1911 j'ai souligné dans un petit essai, « Formulations sur les deux principes du fonctionnement psychique », d'une manière qui n'est certes pas originale, la prédominance du principe de plaisir-déplaisir pour la vie psychique et la façon dont il est relayé par ce qu'on appelle « principe de réalité ». Plus tard, je me suis lancé dans la tentative d'une « métapsychologie ». J'ai ainsi dénommé un mode d'analyse dans lequel chaque processus psychique est apprécié en fonction des trois coordonnées de la *dynamique*, de la *topique* et de l'*économie*, et j'ai vu en elle l'objectif ultime auquel puisse parvenir la psychologie. Cette tentative resta à l'état d'ébauche, je l'interrompis au bout de quelques traités (« Pulsions et destins des pulsions », « Refoulement », « L'Inconscient », « Deuil et mélancolie », etc.), et j'ai sans doute bien fait, car le temps d'une telle fixation théorique n'était pas encore venu [k]. Dans mes derniers travaux spéculatifs, j'ai entrepris de subdiviser notre appareil psychique sur la base d'une exploitation analytique des faits pathologiques, et je l'ai démembré en un *moi,* un *ça* et un *surmoi.* (« Le Moi et le Ça », 1922.) Le surmoi est l'héritier du complexe d'Œdipe et le représentant des exigences éthiques de l'homme.

k. Comme l'a montré Ernest Jones (1955), trad. fr. p. 197-199, tous ces articles ont été en fait écrits en 1915, en même temps que sept autres, qui ont disparu. Cf. aussi *Métapsychologie* (Freud, 1968).

Je ne voudrais pas [1] donner l'impression qu'au cours de cette dernière période de mon travail, j'ai tourné le dos à l'observation patiente et me suis adonné tout entier à la spéculation. Je suis toujours resté bien plutôt en étroit contact avec le matériel analytique, et je n'ai jamais cessé de travailler des thèmes spéciaux, cliniques ou techniques. Même là où je me suis éloigné de l'observation, j'ai soigneusement évité de m'approcher de la philosophie proprement dite. Une incapacité constitutionnelle m'a grandement facilité une telle abstention. J'ai toujours été sensible aux idées de G. Th. Fechner et j'ai d'ailleurs pris appui en des points importants sur ce penseur. Les larges concordances de la psychanalyse avec la philosophie de Schopenhauer – il n'a pas seulement soutenu la thèse du primat de l'affectivité et de l'importance prépondérante de la sexualité, mais il a même eu connaissance du mécanisme du refoulement – ne peuvent se déduire de ma familiarité avec sa doctrine. J'ai lu Schopenhauer très tard dans ma vie. Quant à Nietzsche, l'autre philosophe dont les pressentiments et les aperçus coïncident souvent de la manière la plus étonnante avec les résultats laborieux de la psychanalyse, je l'ai longtemps évité précisément pour cette raison; la priorité dans la découverte m'importait moins que de rester sans prévention.

Les névroses avaient été le premier, et pendant

1. Ce paragraphe était imprimé en petits caractères dans les éditions de 1924, 1928 et 1948.

longtemps aussi le seul objet de l'analyse. Pour aucun analyste il ne faisait de doute que la pratique médicale a tort quand elle sépare ces affections des psychoses et les annexe aux souffrances nerveuses organiques. La théorie des névroses fait partie de la psychiatrie, elle est indispensable comme introduction à celle-ci. Or l'étude analytique des psychoses semble exclue par l'absence de perspectives thérapeutiques que présente un tel effort. Ces malades psychiques sont en général privés de l'aptitude à effectuer un transfert positif, de sorte que l'instrument principal de la technique analytique leur est inapplicable. On voit toutefois se dessiner mainte voie d'accès. Le transfert n'est souvent pas si totalement absent qu'on ne puisse faire un bout de chemin avec lui; dans le cas de troubles cycliques de l'humeur, d'altération paranoïaque légère, de schizophrénie partielle, on est arrivé par l'analyse à quelques succès non douteux. En outre ce fut au moins pour la science un avantage que, dans beaucoup de cas, le diagnostic puisse osciller un certain temps entre l'hypothèse d'une psychonévrose et celle d'une démence précoce; la tentative thérapeutique entreprise put ainsi apporter des renseignements importants, avant de devoir être interrompue. Mais 87 le point le plus important est que, dans les psychoses, beaucoup de choses sont amenées à la surface, ainsi visibles par tout un chacun, qui, dans les névroses, doivent être hissées des profondeurs au prix d'un pénible travail. C'est pourquoi, pour beaucoup d'assertions de l'analyse, c'est la clinique psychiatrique qui offre les meilleurs objets de démonstration. Ainsi il ne put manquer de se produire que l'analyse se frayât un chemin jusqu'aux objets de l'observation psychiatrique. Très tôt (en 1896), j'ai pu constater dans un cas de démence paranoïde les mêmes facteurs étiologiques et la présence des mêmes complexes affectifs que dans les névroses [m]. Jung a élucidé des stéréotypies énigmatiques chez des déments par référence à la biographie des malades; dans diverses psychoses, Bleuler a mis au jour les mêmes mécanismes que ceux que l'analyse avait dégagés chez les névrosés. Depuis, les efforts des analystes en vue de comprendre les psychoses n'ont plus cessé. À partir du moment surtout où l'on s'est mis à travailler avec le concept de narcissisme, on a réussi, tantôt ici, tantôt là, à jeter un coup d'œil par-dessus le mur. C'est sans doute Abraham qui a fait le plus avancer les choses dans l'élucidation des mélancolies. Dans ce domaine, il est vrai, tout savoir ne se convertit pas de nos jours en pouvoir thérapeutique; mais même le simple acquis théorique ne doit pas être dédaigné, et il peut bien attendre son application pratique. À la longue, les psychiatres ne peuvent pas non plus résister à la force démonstrative que constitue le matériel pathologique sur lequel ils travaillent. Il s'effectue actuellement dans la psychiatrie allemande

m. Dans la section III du deuxième article de Freud sur « Les Psychonévroses de défense » (1896*b*).

une sorte de « *pénétration pacifique* [n] » des points de vue de la psychanalyse. Tout en proclamant de manière incessante qu'ils ne veulent pas être des psychanalystes, qu'ils ne font pas partie de l'école « orthodoxe », qu'ils ne partagent pas ses exagérations, qu'en particulier ils ne croient pas à la prédominance du facteur sexuel, la plupart des jeunes chercheurs ne s'en approprient pas moins tel ou tel pan de la doctrine analytique et l'appliquent à leur manière au matériel traité. Tout laisse prévoir d'autres évolutions dans ce sens.

n. En français dans le texte.

Je suis maintenant de loin au prix de quels symptômes réactionnels s'effectue l'entrée de la psychanalyse en France, qui fut longtemps réfractaire. Cela ressemble à la reproduction de quelque chose de déjà vécu, mais n'en porte pas moins ses traits particuliers. On entend des objections d'une incroyable candeur, comme celle que la sensibilité française serait heurtée par la pédanterie et la lourdeur des dénominations psychanalytiques (on ne peut s'empêcher de penser à ce propos à l'immortel chevalier Riccaut de la Marlinière de Lessing [a]!). Il est une autre assertion qui rend un son un peu plus

a. Le personnage comique de *Minna von Barnhelm,* soldat français de fortune, qui est ébahi que son habileté aux cartes soit décrite comme de la tricherie : « Comment, Mademoiselle? Vous appelez cela *betrügen* (tricher)? Corriger la fortune, l'enchaîner sous ses doigts, être sûr de son fait, *das nenn die Deutsch betrügen? Betrügen! Oh, was ist die deutsch Sprak für ein arm Sprak! für ein plump Sprak!* » (...c'est cela que les Allemands appellent tricher? Tricher! Oh, quelle langue pauvre, quelle langue lourde que la langue allemande!) La partie de la réplique que nous transcrivons en français est ainsi rédigée dans l'original; quant à la partie allemande, elle traduit le langage parlé de quelqu'un qui ne connaît cette langue que d'une manière comiquement approximative.

sérieux ; un professeur de psychologie à la Sorbonne lui-même ne l'a pas jugée indigne de lui : le *« génie latin* [a'] *»* ne supporterait pas du tout le mode de pensée de la psychanalyse. Du même coup, on se désolidarise expressément des alliés anglo-saxons, qui passent pour être de ses partisans. Celui qui entend cela doit évidemment croire que le *« génie teutonique* [a'] *»* a serré la psychanalyse dès sa naissance comme son plus cher enfant sur son cœur.

En France, l'intérêt pour la psychanalyse est parti des hommes de lettres. Pour comprendre cela, il faut se rappeler qu'avec l'interprétation du rêve, la psychanalyse a franchi les limites d'une pure spécialité médicale. Entre son apparition en Allemagne et celle qu'elle fait actuellement en France, sont intervenues ses multiples applications à des domaines de la littérature et de la science de l'art, à l'histoire des religions et de la préhistoire, à la mythologie, l'eth-nologie, la pédagogie, etc. Toutes ces choses n'ont pas grand-chose à voir avec la médecine, et ne lui sont justement reliées que par l'intermédiaire de la psychanalyse. C'est pourquoi je ne suis pas autorisé à les traiter ici de manière approfondie [b]. Mais je ne peux pas non plus les négliger complètement, car, d'une part, elles sont indispensables pour donner une idée exacte de la valeur et de l'essence de la psychanalyse, d'autre part, je me suis soumis à la tâche de

a'. En français dans le texte.
b. Rappelons que le présent ouvrage faisait à l'origine partie d'une série d'écrits de médecins.

présenter l'œuvre de ma propre vie. Or la plupart de ces applications remontent à l'origine à mes propres travaux. Ici et là, je me suis écarté quelque peu de mon chemin, pour satisfaire un tel intérêt extra-médical. D'autres, et pas seulement des médecins, également des spécialistes, ont alors suivi ma trace et ont pénétré profondément dans les domaines en question. Mais puisque, conformément à mon programme, je dois me contenter de relater mes propres contributions à l'application de la psychanalyse, je ne peux transmettre au lecteur qu'une image tout à fait insuffisante de son extension et de son importance.

Je reçus quant à moi toute une série d'incitations du complexe d'Œdipe, dont je découvrais peu à peu l'ubiquité. Si, de tout temps, le choix, et plus encore l'élaboration de ce sujet effrayant avaient été énigmatiques, de même que l'effet bouleversant de sa représentation poétique et l'essence de la tragédie du destin en général, tout cela s'expliquait par la découverte qu'une loi du fonctionnement psychique avait été saisie là dans la plénitude de sa signification affective. La fatalité et l'oracle n'étaient que les matérialisations de la nécessité intérieure; le fait que le héros péchait à son insu et contre son intention, devait se comprendre comme l'expression adéquate de la nature *inconsciente* de ses aspirations criminelles. Une fois comprise cette tragédie du destin, il suffisait de faire un pas de plus pour élucider la tragédie de caractère de Hamlet, qu'on admirait depuis trois cents ans, sans pouvoir donner son sens ni deviner les motivations du poète. Il était en effet étrange que ce névrosé inventé par le poète échouât, comme ses nombreux compagnons du monde réel, sur l'écueil du complexe d'Œdipe, car Hamlet est mis en demeure de venger sur un autre les deux actes qui constituent le contenu de l'aspiration œdipienne, autorisation étant tout de même faite à son propre obscur sentiment de culpabilité de frapper son bras de paralysie. Le *Hamlet* de Shakespeare a été écrit très tôt après la mort du père de celui-ci [1].

1. *Note de 1935 :* C'est là une construction sur laquelle je tiens à revenir expressément. Je ne crois plus que ce soit l'acteur William Shakespeare de Stratford qui soit l'auteur des œuvres qui lui ont été si longtemps attribuées. Depuis la publication du livre *Shakespeare Identified,* de I. Th. Looney, je ne suis pas loin d'être persuadé que c'est en fait Edward de Vere, Earl of Oxford, qui se cache sous ce pseudonyme [a].

a. *Ajout de la S.E. à la note de Freud :* Lorsque le traducteur anglais reçut en 1935 le manuscrit de cette note additive, il fut tellement déconcerté qu'il écrivit à Freud pour lui demander de bien vouloir la reconsidérer — pas tant en raison du bien-fondé ou non de la théorie, que plus particulièrement eu égard au nom malencontreux de l'auteur du livre auquel il était fait référence (*N.d.T. :* Looney fait penser en anglais à l'adjectif *loony* = fou). La réponse de Freud fut très prudente comme le montrera la traduction d'un extrait de cette lettre. Celle-ci est datée du 29 août 1935. « ... En ce qui concerne la note sur Shakespeare et Oxford, votre proposition me met dans la position, qui ne m'est pas habituelle, de me donner des airs d'opportuniste. Je ne puis comprendre l'attitude anglaise sur cette question : Edward de Vere était certainement tout aussi anglais que William Shakespeare. Mais étant donné que cette affaire est tout à fait dénuée d'intérêt analytique, et que vous faites un si grand cas de mes réticences, je suis prêt à supprimer cette note ou à simplement insérer une phrase du type : " Pour des raisons particulières, je ne tiens plus à mettre l'accent sur ce point. " Décidez-en vous-même. Mais par ailleurs, je serais heureux que la note fût maintenue dans son intégralité dans l'édition américaine. On ne devrait pas craindre que se fît jour là-bas la même sorte de

Mes indications en vue d'une analyse de cette tragédie ont fait par la suite l'objet d'une élaboration approfondie de la part d'Ernest Jones. Ce même exemple a été ensuite pris par Otto Rank comme point de départ de ses études sur le choix des sujets que traitent les auteurs dramatiques. Dans son grand livre sur le « motif de l'inceste », il a pu montrer avec quelle fréquence les auteurs choisissent précisément de représenter les motifs de la situation œdipienne, et suivre à travers la littérature universelle les mutations, modifications et atténuations de ce sujet.

Tout cela invitait à entreprendre, à partir de là, l'analyse de la création littéraire et artistique en général. On s'aperçut que le royaume de l'imagination [*Phantasie*] était une « réserve » qui avait été ménagée lors du passage, ressenti comme douloureux, du principe de plaisir au principe de réalité, afin de fournir un substitut à des satisfactions pulsionnelles auxquelles on avait dû renoncer dans la vie réelle. À l'instar du névrosé, l'artiste s'était retiré de la réalité insatisfaisante dans ce monde imaginaire [*Phantasiewelt*], mais, à la différence du névrosé, il savait trouver le chemin qui permettait d'en sortir et de reprendre pied dans la réalité. Ses créations, les œuvres d'art, étaient des satisfactions fantasmatiques de vœux inconscients, tout comme les

défense narcissique... » En conséquence, dans l'édition anglaise de 1935, la note dit : « Pour des raisons particulières, je ne tiens plus à mettre l'accent sur ce point. »

rêves avec lesquels elles avaient également en commun le caractère de compromis, car elles aussi devaient éviter d'entrer en conflit ouvert avec les puissances du refoulement. Mais, à la différence des productions du rêve, asociales et narcissiques, elles étaient conçues pour que d'autres hommes y participassent, elles pouvaient susciter et satisfaire chez ceux-ci les mêmes motions de désirs inconscients. En outre, elles se servaient du plaisir que procure la perception de la beauté formelle comme d'une 91 « prime de séduction ». L'apport spécifique de la psychanalyse pouvait consister à reconstruire, par recoupement des impressions vécues, des destinées fortuites et des œuvres de l'artiste, sa constitution et les motions pulsionnelles qui étaient à l'œuvre en elle, soit ce qu'il y avait en lui d'universellement humain [c]. C'est dans une telle intention que j'ai pris par exemple Léonard de Vinci comme objet d'une étude qui repose sur un seul souvenir d'enfance communiqué par lui-même, et qui vise pour l'essentiel à expliquer son tableau *La Vierge, l'Enfant Jésus et Sainte Anne* [d]. Mes amis et élèves ont ensuite entrepris un grand nombre d'analyses semblables sur des artistes et leurs œuvres. Il n'est point arrivé que le plaisir pris à l'œuvre d'art fût gâté par

c. Cf. « Der Dichter und das Phantasieren » (1908*c*).
d. Nous donnons ici le titre du tableau tel qu'on peut le lire au musée du Louvre. Le titre allemand traditionnel, invoqué ici par Freud, est : *Die heilige Anna selbdritt,* soit mot à mot : « Sainte Anne elle-même étant troisième », c'est-à-dire : « accompagnée de deux autres personnages ».

l'intelligence analytique ainsi obtenue. Mais il faut confesser au profane, qui attend peut-être ici trop de l'analyse, qu'elle ne jette aucune lumière sur deux problèmes qui sont sans doute ceux qui l'intéressent le plus. L'analyse ne peut rien dire qui éclaire le problème du don artistique, de même que la mise au jour des moyens avec lesquels l'artiste travaille, soit de la technique artistique, ne relève pas de sa compétence.

Sur l'exemple d'une petite nouvelle, sans grande valeur par elle-même, la *Gradiva* de W. Jensen, j'ai pu montrer que les rêves inventés par un poète se prêtent aux mêmes interprétations que les rêves réels, donc que dans la production littéraire les mécanismes inconscients qui nous sont connus à partir du travail du rêve sont également à l'œuvre.

Mon livre sur *Le Mot d'esprit et sa relation à l'inconscient* est un excursus jailli directement de *L'Interprétation du rêve*. Le seul ami qui prenait alors intérêt à mes travaux, m'avait fait remarquer que mes interprétations de rêves faisaient souvent un effet « spirituel [e] ». C'est pour élucider cet effet que je me lançai dans l'investigation des mots d'esprit et trouvai que l'essence de ceux-ci tenait à leurs moyens techniques, que d'autre part ces derniers étaient les mêmes que les modes selon lesquels s'effectuait le « travail du rêve », à savoir la condensation, le déplacement, la représentation par le

e. Il s'agit de Wilhelm Fliess. Cf. une note de *L'Interprétation du rêve*, VI A III III (1900*a*).

contraire, par une chose toute petite, etc. À cela faisait suite une étude économique sur la question de savoir comment se constituait chez l'auditeur du mot d'esprit un gain de plaisir élevé. La réponse était : par la levée momentanée d'une dépense de refoulement [*Verdrängungsaufwand*] à la suite de la séduction exercée par l'offre d'une prime de plaisir (*plaisir préliminaire*).

Je tiens personnellement en plus haute estime mes contributions à la psychologie de la religion qui commencèrent en 1907 par la constatation d'une analogie surprenante entre des actes obsessionnels et des exercices religieux (rite). Sans apercevoir encore des rapports plus profonds, je caractérisai la névrose obsessionnelle comme une religion privée déformée et la religion comme pour ainsi dire une névrose obsessionnelle universelle. Plus tard, en 1912, l'insistance de Jung sur les amples analogies entre les productions intellectuelles des névrosés et celles des primitifs m'incita à porter mon attention sur ce sujet. Dans les quatre essais qui furent rassemblés en un livre sous le titre *Totem et tabou,* j'exposai que, chez les primitifs, l'effroi devant l'inceste est encore plus marqué que chez les hommes civilisés, et qu'il a suscité des mesures de défense toutes particulières, j'étudiai les relations des interdictions par *tabou,* forme sous laquelle se présentent les premières restrictions morales, à l'ambivalence des sentiments, et mis au jour, dans le système cosmique primitif de l'*animisme,* le principe de la surestimation de la réalité psychique, de la « toute-puissance des pensées », principe qui est également au fondement de la *magie*. Partout, j'établissais la comparaison avec la névrose obsessionnelle, et montrais combien des présupposés de la vie intellectuelle primitive sont encore en vigueur dans cette étrange affection. Mais ce qui m'attirait avant tout était le *totémisme*, ce premier système d'organisation des tribus primitives, dans lequel les débuts d'un ordre social s'allient à une religion rudimentaire et au règne implacable d'un petit nombre de tabous interdicteurs. L'être « vénéré » est toujours ici à l'origine un animal, dont le clan affirme également descendre. On peut déduire de divers indices que tous les peuples, même ceux qui se trouvent au plus haut rang, sont un jour passés par ce stade du totémisme.

Ma principale source de documentation [f] pour mes travaux dans ce domaine furent les ouvrages connus de J. G. Frazer (*Totemism and Exogamy, The Golden Bough*), qui sont une mine de faits et de points de vue précieux. Mais Frazer contribuait peu à l'élucidation des problèmes du totémisme; il avait plusieurs fois modifié de fond en comble ses vues sur le problème, et les autres ethnologues et préhistoriens semblaient tout autant dans l'incertitude qu'en désaccord sur ces questions. Mon point de départ fut la coïncidence frappante des deux tabous

f. Ce paragraphe et le suivant étaient imprimés en petits caractères dans les éditions de 1924, 1928, et 1948.

réglementant le totémisme, à savoir de ne pas tuer le totem et de ne faire aucun usage sexuel des femmes du même clan totémique, avec les deux contenus du complexe d'Œdipe, à savoir : écarter le père et prendre sa mère pour femme. On était de ce fait tenté d'égaler l'animal totémique au père, comme les primitifs le faisaient du reste expressément en le vénérant comme ancêtre du clan. Du côté de la psychanalyse, deux faits vinrent ensuite à ma rescousse : une observation heureuse de Ferenczi sur un enfant, laquelle permettait de parler d'un *retour infantile du totémisme,* et l'analyse des premières phobies animales des enfants, qui montrait si souvent que cet animal était un substitut du père, sur lequel était déplacée la crainte du père enracinée dans le complexe d'Œdipe. Désormais il ne manquait plus grand-chose pour reconnaître dans le *meurtre du père* le noyau du totémisme et le point de départ de la constitution de la religion.

Ce fragment manquant me fut fourni lorsque je pris connaissance de l'ouvrage de W. Robertson Smith *The Religion of the Semites* — cet homme génial, physicien et chercheur en matière biblique, avait posé ce qu'on appelle le *repas totémique* comme un élément essentiel de la religion totémique. Une fois par an, l'animal totémique, qui était sacré le reste du temps, était tué solennellement avec la participation de tous les membres de la tribu ; on le dévorait, et ensuite on en faisait le deuil. Ce deuil était suivi d'une grande fête. Si j'associais à tout cela la conjecture darwinienne selon laquelle les hommes vivaient à l'origine en des hordes dont chacune se trouvait sous la domination d'un unique mâle fort, violent et jaloux, je pouvais constituer à partir de toutes ces composantes une hypothèse, ou pour mieux dire : une vision [*Vision*], qui s'ordonnait de la manière suivante : le père de la horde primitive avait, en tant que despote illimité, accaparé pour lui toutes les femmes, tué ou chassé tous les fils dangereux en tant que rivaux. Mais, un jour, ses fils s'unirent et, ensemble, le terrassèrent, le tuèrent et le dévorèrent, lui qui avait été leur ennemi, mais aussi leur idéal. Une fois l'acte accompli, ils furent incapables de prendre possession de son héritage, étant donné qu'ils se faisaient obstacle les uns aux autres. Sous l'effet de l'insuccès et du repentir, ils apprirent à s'accorder, ils se lièrent en un clan de frères par les règlements du totémisme, qui devaient exclure le renouvellement d'une telle action, et ils renoncèrent globalement à la possession des femmes qui avaient été l'enjeu du meurtre du père. Ils étaient désormais renvoyés à des femmes étrangères ; c'était là l'origine de l'exogamie, étroitement liée au totémisme. Le repas totémique était la cérémonie commémorative de l'acte monstrueux dont était dérivée la conscience coupable de l'humanité (le péché originel), par laquelle s'instaurèrent de manière concomitante organisation sociale, religion et limitation morale.

Qu'il faille attribuer à une telle possibilité une

réalité historique ou non, toujours est-il que la constitution de la religion se trouvait du même coup placée sur le terrain du complexe paternel et construite sur l'ambivalence qui préside à celui-ci. Lorsqu'on eut cessé de substituer au père l'animal totémique, c'est le père primitif en personne, redouté et haï, vénéré et envié, qui devint le modèle de Dieu. Le défi filial et la nostalgie du père qu'il recèle se livrèrent une lutte qui produisit des modes de compromis toujours nouveaux, destinés d'une part à expier l'acte du meurtre du père, d'autre part à assurer le bénéfice qui lui était lié. Cette conception de la religion jette une lumière particulièrement crue sur les fondements psychologiques du christianisme, dans lequel en effet la cérémonie du repas totémique se perpétue sous la forme encore peu défigurée de la *communion*. Je tiens à observer expressément que ce dernier aperçu ne vient pas de moi, mais qu'il se trouve déjà chez Robertson Smith et Frazer.

Dans de nombreux travaux dignes d'attention, Th. Reik et l'ethnologue G. Róheim ont repris les cheminements de pensée de *Totem et tabou* pour les prolonger, les approfondir ou les rectifier. J'y suis moi-même encore quelquefois revenu par la suite, à l'occasion d'investigations sur le « sentiment de culpabilité inconscient », qui revêt lui aussi une si grande importance parmi les motifs des affections névrotiques, ainsi qu'à propos de tentatives visant à relier plus étroitement la psychologie sociale à la psychologie de l'individu (« Le Moi et le Ça » – « Psychologie des foules et analyse du moi »). Pour expliquer l'aptitude à être hypnotisé, j'ai également eu recours à l'héritage archaïque qui nous vient des temps primitifs où les hommes vivaient en hordes [g].

Je n'ai eu qu'une part directe réduite à d'autres applications de la psychanalyse, qui sont pourtant dignes de l'intérêt le plus général. Large est le chemin qui conduit des fantasmes du névrosé individuel aux créations fantasmatiques des masses et des peuples, telles qu'elles s'offrent à nous dans les mythes, les légendes et les contes. La *mythologie* est devenue le champ d'investigation d'Otto Rank : l'interprétation des mythes, leur réduction aux complexes infantiles inconscients que nous connaissons, la substitution des motifs humains à des explications astrales, tout cela fut dans beaucoup de cas le résultat de son labeur analytique. Le thème de la *symbolique* est également un chantier qui a trouvé parmi mes adeptes beaucoup d'ouvriers. La symbolique a valu à la psychanalyse beaucoup d'hostilités; beaucoup de chercheurs trop prudes n'ont jamais pu lui pardonner la mise au jour de la symbolique, telle qu'elle ressortait de l'interprétation du rêve. Mais l'analyse est innocente de la découverte de la symbolique, elle était depuis longtemps connue dans d'autres domaines, où elle joue

g. Cf. « Psychologie des foules et analyse du moi », X (1921*c*).

même (dans le folklore, la légende, le mythe) un rôle plus important que dans le « langage du rêve ».

Quant à l'application de l'analyse à la pédagogie, je n'y ai personnellement contribué en rien; mais il était naturel que les découvertes analytiques sur la vie sexuelle et sur l'évolution psychique des enfants attirassent l'attention des éducateurs et leur fissent apparaître leurs tâches sous un jour nouveau. Comme pionnier infatigable de cette orientation dans la pédagogie, s'est particulièrement signalé à Zurich le pasteur O. Pfister [h], qui a trouvé la pratique de l'analyse compatible avec le maintien d'une religiosité il est vrai sublimée; citons à ses côtés Mme le Dr Hug-Hellmuth et le Dr S. Bernfeld à Vienne, ainsi que beaucoup d'autres [1]. L'utilisation de l'analyse pour l'éducation préventive de l'enfant sain, de même que pour l'éducation corrective de l'enfant non encore névrosé, mais dévié dans son évolution, a donné lieu à une importante conséquence pratique. Il n'est plus possible de réserver l'exercice de la psychanalyse aux médecins et d'en exclure les non-médecins. En fait, le médecin qui n'a pas suivi une formation spécialisée est en dépit de son diplôme un profane en analyse, et le non-médecin peut, moyennant une préparation adéquate et le recours occasionnel à un médecin, remplir

h. Cf. la préface de Freud à l'un de ses livres (1913*b*).
1. *Note de 1935 :* Depuis, l'analyse des enfants a pris un essor tout particulièrement vigoureux grâce aux travaux de Mme Melanie Klein et de ma fille Anna Freud.

également la tâche du traitement analytique des névroses [i].

Du fait de l'un de ces développements contre l'aboutissement desquels il serait vain de se cabrer, le mot psychanalyse lui-même est devenu plurivoque. Ayant désigné à l'origine un procédé thérapeutique spécifique, il est aussi devenu actuellement le nom d'une science, celle du psychique inconscient. Cette science ne peut que rarement venir à elle seule totalement à bout d'un problème; mais elle paraît appelée à fournir des contributions importantes aux champs les plus divers du savoir. Le champ d'application de la psychanalyse s'étend exactement aussi loin que celui de la psychologie, à laquelle elle ajoute un complément d'une portée considérable.

Aussi puis-je dire, en embrassant d'un coup d'œil rétrospectif l'œuvre fragmentaire qu'a produite le travail de ma vie, que j'ai mis en œuvre bien des commencements et prodigué de nombreuses incitations dont il devrait advenir quelque chose dans le futur. Je ne peux moi-même savoir si cela sera beaucoup ou peu. Mais il m'est permis de formuler l'espoir que j'ai ouvert la voie à un important progrès dans notre connaissance [j].

i. Voir « La Question de l'analyse profane » (1926e).
j. Cette dernière phrase a été ajoutée en 1935.

L'éditeur de ce recueil de *Présentations de soi-même*[a] n'avait, que je sache, pas prévu que l'une d'elles trouverait un prolongement après l'écoulement d'un certain laps de temps. Il est possible que cela se produise ici pour la première fois. Ce qui a donné lieu à cette entreprise a été le désir de l'éditeur américain[b] d'offrir ce petit écrit à son public dans une nouvelle édition. Il avait d'abord paru en 1927 en Amérique (chez Brentano) sous le titre *An Autobiographical Study,* mais associé de manière maladroite à un autre essai et soustrait à l'attention par le titre de ce dernier : *The Problem of Lay-Analyses.* Deux thèmes parcourent cet ouvrage : celui de ma propre destinée et celui de l'histoire de la psychanalyse. Ils sont très étroitement liés. Ma « Présentation de moi-même » montre comment la psychanalyse devient le contenu de ma

* *Gesammelte Werke,* tome XVI.
a. Concernant le titre de cet ouvrage de Freud, voir Note liminaire.
b. W. W. Norton & Co, New York, voir Note liminaire.

vie, et se conforme ensuite à ce principe justifié que rien de ce qui m'arrive personnellement ne mérite d'intéresser au regard de mes relations avec la science. Peu avant la rédaction de mon texte, il avait pu sembler que ma vie toucherait rapidement à son terme du fait de la récidive d'une affection maligne; mais il se trouva que l'art du chirurgien me sauva en 1923 et que je demeurai apte à la vie et au travail, même si je ne devais plus jamais être exempt de tracas. Pendant les dix années et plus qui se sont écoulées depuis, je n'ai pas cessé de travailler et de publier des travaux analytiques, comme l'attestent mes *Gesammelte Schriften* (parues au « Internationaler Psychoanalytischer Verlag » à Vienne) qui se terminent par le volume XII. Mais je trouve moi-même que tout cela présente une importante différence avec jadis. Des fils qui s'étaient entremêlés au cours de mon évolution commencèrent à se séparer, des intérêts qui m'étaient venus sur le tard sont passés au second plan, et d'autres plus anciens, plus originels, se sont à nouveau imposés. Dans cette dernière décennie, il est vrai, je me suis encore lancé dans maint travail analytique important, tel que la révision du problème de l'angoisse dans *Inhibition, symptôme et angoisse* en 1926, ou bien j'ai réussi en 1927 à élucider pleinement le « fétichisme » sexuel, mais il est quand même juste de dire que depuis que j'ai posé les deux sortes de pulsions (Éros et pulsion de mort) et décomposé la personnalité psychique en moi, surmoi et ça (1923), je n'ai plus livré de contributions décisives à la psychanalyse; et que ce que j'ai écrit par la suite aurait pu manquer sans dommage ou aurait été suppléé sous peu par un autre biais. Cela tint à une mutation qui s'opéra en moi, à une part d'évolution régressive, si l'on veut l'appeler ainsi. Après le détour, qui m'avait pris toute une vie, par les sciences de la nature, la médecine et la psychothérapie, mon intérêt était revenu aux problèmes culturels qui avaient jadis captivé le jeune homme qui s'éveillait à peine à la pensée. Déjà en plein apogée de mon travail analytique, en 1912, j'avais essayé dans *Totem et tabou* d'exploiter les aperçus analytiques nouvellement acquis pour explorer les origines de la religion et de la morale. Deux essais plus tardifs, *L'Avenir d'une illusion* en 1927 et *Le Malaise dans la civilisation* en 1930, s'inscrivirent ensuite dans cette même direction. Je m'apercevais de plus en plus clairement que les événements de l'histoire de l'humanité, les effets réciproques entre nature humaine, évolution culturelle et les retombées de ces expériences originaires dont la religion se pose comme le représentant [*Vertretung*] privilégié, ne sont que le reflet des conflits dynamiques entre moi, ça et surmoi, que la psychanalyse étudie chez l'individu les mêmes processus, repris sur une scène plus vaste. Dans *L'Avenir d'une illusion,* j'avais donné de la religion une appréciation essentiellement négative; je trouvai plus tard une formule qui lui rend mieux justice : son pouvoir reposerait certes

33

sur sa teneur de vérité, cependant cette vérité ne serait pas d'ordre matériel, mais historique.

Ces études qui partaient de la psychanalyse, mais la débordaient largement, ont peut-être trouvé plus d'écho dans le public que la psychanalyse elle-même. Elles peuvent avoir eu leur part dans la naissance de l'illusion éphémère qu'on fait partie des auteurs auxquels une grande nation, comme la nation allemande, est prête à accorder son audience. C'est en 1929 que Thomas Mann, l'un des auteurs qui avait le plus vocation à être le porte-parole du peuple allemand, m'assigna une place dans l'histoire de l'Esprit moderne, en des phrases tout aussi riches de contenu que bienveillantes. Peu de temps après, ma fille Anna fut fêtée à l'hôtel de ville de Francfort-sur-le-Main, lorsqu'elle y apparut à ma place pour y recueillir le prix Goethe qui m'avait été conféré en 1930[c]. Ce fut le point culminant de ma vie sociale; peu de temps après, notre patrie s'était confinée dans l'étroitesse, et la nation ne voulait plus rien savoir de nous.

Je peux me permettre de fixer ici un terme à mes communications autobiographiques. En ce qui concerne par ailleurs mes conditions de vie personnelles, mes luttes, mes déceptions et mes succès, le public n'a aucun droit d'en apprendre davantage. Du reste, dans quelques-uns de mes écrits — *Interprétation du rêve, Vie quotidienne* —, j'ai été plus

c. Cf. Freud 1930*e*.

franc et plus sincère que n'ont coutume de l'être des personnes qui retracent leur vie pour les contemporains ou la postérité. On m'en a su peu de gré; et, au vu de mes expériences, je ne saurais conseiller à personne de faire de même.

Encore quelques mots sur les destinées de la psychanalyse au cours de cette dernière décennie. Il ne fait plus de doute qu'elle se perpétuera; elle a fait la preuve de son aptitude à vivre et à se développer, tant comme branche du savoir que comme thérapie. Le nombre de ses adeptes, qui sont organisés dans l'« Association psychanalytique internationale », s'est considérablement accru; aux groupes locaux anciens, tels que ceux de Vienne, Berlin, Budapest, Londres, la Hollande, la Suisse [d], de nouveaux sont venus s'ajouter à Paris, Calcutta, deux au Japon, plusieurs aux États-Unis, dernièrement un à Jérusalem et un en Afrique du Sud, ainsi que deux en Scandinavie. Ces groupes locaux entretiennent à partir de leurs propres ressources des instituts d'enseignement, dans lesquels l'initiation à la psychanalyse s'effectue selon un programme d'enseignement unitaire, et des dispensaires, dans lesquels des analystes expérimentés ainsi que des élèves donnent à ceux qui en ont besoin un traitement gratuit, ou bien ils s'efforcent de créer de tels instituts. Les membres de l'A.P.I. se réunissent tous

d. La Standard Edition ajoute ici « la Russie » qui ne figurait pas dans les éditions allemandes. Elle observe qu'il n'a pu s'agir que d'une omission involontaire et que l'auteur a approuvé cette insertion.

125

les deux ans en congrès, au cours desquels sont données des conférences scientifiques, et où l'on décide de problèmes d'organisation. Le XIIIe de ces congrès, auxquels je ne peux personnellement plus me rendre, a eu lieu à Lucerne en 1934. Les préoccupations des membres partent d'un noyau commun à tous pour se diversifier dans différentes directions. Les uns mettent l'accent sur la clarification et l'approfondissement des connaissances psychologiques, d'autres s'adonnent à l'étude des liens de la psychanalyse avec la médecine interne et la psychiatrie. Du point de vue pratique, une partie des analystes s'est donné pour but de faire reconnaître la psychanalyse par les universités et de la faire intégrer au programme des études médicales; d'autres s'accommodent de rester hors de ces institutions, et veillent à ce qu'on ne donne pas priorité à la portée médicale de la psychanalyse sur sa portée pédagogique. De temps à autre, il advient de manière répétitive qu'un collaborateur analytique s'isole en s'efforçant de mettre en avant une seule des découvertes ou des points de vue de la psychanalyse au détriment de tous les autres. Mais l'ensemble donne l'impression réjouissante d'un travail scientifique sérieux de haut niveau.

BIBLIOGRAPHIE

Les chiffres entre parenthèses placés après les titres originaux renvoient aux pages du présent livre.

Les noms des périodiques ont été abrégés en conformité avec la *World List of Scientific Periodicals*.

G.W. = *Gesammelte Werke von Sigmund Freud*, S. Fischer Verlag, Francfort-sur-le-Main, 18 volumes.

ABRAHAM, K. (1912) « Ansätze zur psychoanalytischen Erforschung und Behandlung des manisch-depressiven Irreseins und verwandter Zustände », *Zbl. Psychoan.*, 2, 302. (102)
Trad. : « Préliminaires à l'investigation et au traitement psychanalytique de la folie maniaco-dépressive et des états voisins », trad. I. Barande, *Œuvres complètes,* tome II, Paris, Payot, 1965.

BLEULER, E. (1906) « Freudsche Mechanismen in der Symptomatologie von Psychosen » [« Mécanismes freudiens dans la symptomatologie des psychoses »], *Psychiatr.-neurol. Wsch.*, 8, 323, 338. (102)

(1910) « Die Psychoanalyse Freuds », *Jb. psychoan. psychopath. Forsch.*, 2, 623. (86)

(1911) *Dementia Praecox, oder Gruppe des Schizophrenien* [*Démence précoce, ou groupes des schizophrénies*], Leipzig et Vienne. (86)

BREUER, J. et FREUD, S. (1893) voir FREUD, S. (1893*a*).

(1895) voir FREUD, S. (1895d).

ELLIS, HAVELOCK (1898) « Hysteria in Relation to the Sexual Emotions », *Alien. and Neurol.*, 19, 599. (42)

ERB, W. (1882) *Handbuch der Elektrotherapie* [*Manuel d'électrothérapie*], Leipzig. (28)

FERENCZI, S. (1913) « Ein kleiner Hahnemann », *Int. Z. (ärztl.) Psychoanal.*, 1, 240. (114)

Trad. : « Un petit homme-coq », trad. J. Dupont et M. Viliker, *Œuvres complètes*, tome II, Paris, Payot, 1970.

FREUD, S. (1877a) « Ueber den Ursprung der hinteren Nervenwurzel im Rückenmarke von Ammocoetes (Petromyzon Planeri) » [Sur les ganglions spinaux et la moelle épinière du pétromyzon], *Sitzungsberichte der kaiserlichen Akademie der Wissenschaft in Wien* (Math.-Naturwis. Klasse), IIIᵉ partie, 75, 15. (19)

(1878a) « Ueber Spinalganglien und Rückenmark des Petromyzon » [« Sur les ganglions spinaux et la moelle épinière du pétromyzon »], *Sitzungsberichte der kaiserlichen Akademie der Wissenschaft in Wien* (Math.-Naturwiss. Klasse), IIIᵉ partie, 78, 81. (19)

(1884a) « Ueber Coca », *Zbl. ges. Ther.*, 2, 289. (25)

Trad. : in *La Cocaïne*, textes réunis et présentés par R. Byck, Bruxelles, Éditions Complexe, 1976.

(1885d) « Zur Kenntnis der Olivenzwischenschicht » [Sur la connaissance de la substance interolivaire], *Neurol. Zbl.* 4, nᵒ 12, 268. (19)

(1886b) En collaboration avec DARKSCHENWITSCH, L., « Ueber die Beziehung des Strickkörpers zum Hinterstrang und Hinterstrangskern nebst Bemerkungen über zwei Felder der Oblongata » [Sur la relation du corps restiforme avec le cordon postérieur et ses noyaux, accompagné de remarques sur les deux régions du bulbe], *Neurol. Zbl.*, 5, nᵒ 6, 121. (19)

(1886c) « Ueber den Ursprung des Nervus acusticus » [Sur l'origine du nerf acoustique], *Mschr. für Ohrenheilk,* nouvelle série 20, nᵒ 8, 245 et 9, 277. (19)

128

(1886d) « Beobachtung einer hochgradigen Hemianästhesie bei einem hysterischen Manne (Beiträge zur Kasuistik der Hysterie I) [Observation d'une hémianésthésie chez un hystérique (Contributions à l'étude clinique de l'hystérie I)], *Wiener med. Wsch.*, 36, n° 49, 1633. (27)

(1888b) « Aphasie », « Gehirn » [Cerveau], « Hystérie » et « Hystéroépilepsie », articles dans Villaret, *Handwörter-buch der gesamten Medizin* [*Vocabulaire de toute la méde-cine*] I, Stuttgart. (Articles non signés, d'attribution incer-taine.) (31)

(1888-1889) Traduction avec préface et notes de Bernheim, H., *De la suggestion et de ses applications à la thérapeutique*, Paris, 1886, sous le titre de *Die Suggestion und ihre Heilwirkung*, Vienne. (31)

(1891a) En collaboration avec RIE, O., « Klinische Studie über die halbseitige Cerebrallähmung der Kinder » [Étude clinique de l'hémiplégie cérébrale de l'enfance] in Kas-sowitz, *Beiträge zur Kinderheilkunde* [*Contributions à la pédiatrie*], vol. 3, Vienne. (25, 31)

(1891b) *Zur Auffassung der Aphasien*, Vienne. (32)
Trad. : Contribution à la conception des aphasies, trad. C. van Rooth, Paris, Presses universitaires de France, 1983.

(1891c) « Kinderlähmung » [Paralysie infantile] et « Läh-mung » [Paralysie], articles dans Villaret, *Handwörterbuch der gesamten Medizin* II [*Encyclopédie de toute la médecine* II], Stuttgart. (Articles non signés, d'attribution incertaine.) (31)

(1892a) Traduction de H. Bernheim, *Hypnotisme, suggestion et psychopathologie : études nouvelles*, Paris, 1891, sous le titre de *Neue Studien über Hypnotismus und Psychotherapie*, Vienne. (31)

(1892-1893a) Traduction avec préface et notes de J.-M. Charcot, *Leçons du mardi (1887-1888)*, Paris, 1888, sous le titre de *Poliklinische Vorträge*, I, Vienne. (23)

(1893a) En collaboration avec BREUER, J., « Ueber den

psychischen Mechanismus hysterischer Phänomene : Vorläufige Mitteilung », *G.W.* I, 81. (37)

Trad. : « Les mécanismes psychiques des phénomènes hystériques : communication préliminaire », incorporée aux *Études sur l'hystérie* (1895*d*), trad. A. Berman, Paris, Presses universitaires de France, 1967.

(1893*b*) « Zur Kenntniss der cerebralen Diplegien des Kindesalters (im Anschluss an die Little'sche Krankheit) [Sur la connaissance des diplégies cérébrales de l'enfance], in KASSOWITZ, M., *Beiträge zur Kinderheilkunde* [*Contributions à la pédiatrie*]. Nouvelle série, vol. 3, Vienne. (25)

(1893*c*) « Quelques considérations pour une étude comparative des paralysies motrices organiques et hystériques », *G.W.*, I, 39. (24)

(1895*b*) « Ueber die Berechtigung, von der Neurasthenie einen bestimmten Symptomenkomplex als " Angstneurose " abzutrennen », *G.W.*, I, 315. (43)

Trad. : « Qu'il est justifié de séparer de la neurasthénie un certain complexe symptomatique sous le nom de " névrose d'angoisse " », trad. J. Laplanche, *Névrose, psychose et perversion,* Paris, Presses universitaires de France, 1973.

(1895*d*) En collaboration avec BREUER, J., *Studien über Hysterie,* Vienne. *G.W.,* I, 77 (sans les textes de Breuer). (37-41, 45)

Trad. : *Études sur l'hystérie,* trad. A. Berman, Paris, Presses universitaires de France, 1967 (avec les textes de Breuer).

(1896*b*) « Weitere Bemerkungen über die Abwehr-Neuropsychosen », *G.W.,* I, 379. (102)

Trad. : « Nouvelles remarques sur les psychonévroses de défense », trad. J. Laplanche, *Névrose, psychose et perversion,* Paris, Presses universitaires de France, 1973.

(1897*a*) « Die infantile Cerebrallämung » [Les paralysies cérébrales infantiles], *in* Nothnagel, *Specielle Pathologie und Therapie* [Pathologie et thérapie spéciales], 9, Vienne. (25)

(1900*a*) *Die Traumdeutung,* Vienne. *G.W.,* 2-3. (27, 74, 78, 81, 106, 111, 124)

Trad. : *L'Interprétation des rêves* [1], trad. I. Meyerson, révisée par D. Berger, Paris, Presses universitaires de France, 1967.

(1901*b*) *Zur Psychopathologie des Alltagslebens,* Berlin, 1904. *G.W.,* 4. (78, 124)

Trad. : *Psychopathologie de la vie quotidienne,* trad. S. Jankélévitch, Paris, Payot, 1973.

(1905*c*) *Der Witz und seine Beziehung zum Unbewussten,* Vienne, *G.W.,* 6. (111)

Trad. : *Le Mot d'esprit et ses rapports avec l'inconscient,* trad. M. Bonaparte et M. Nathan, Paris, Gallimard, 1969.

(1905*d*) *Drei Abhandlungen zur Sexualtheorie,* Vienne. *G.W.,* 5, 3. (44, 63, 64)

Trad. : *Trois essais sur la théorie de la sexualité,* trad. B. Reverchon, révisée par J. Laplanche et J.-B. Pontalis, Paris, Gallimard, 1968.

(1906*a*) « Meine Ansichten über die Rolle der Sexualität in der Aetiologie der Neurosen » [Mes opinions sur le rôle de la sexualité dans l'étiologie des névroses], *G.W.,* 5, 149. (58)

(1907*a*) *Der Wahn und die Träume in W. Jensens « Gradiva ».* Vienne, *G.W.,* 7, 31. (111)

Trad. : *Délire et rêve dans la « Gradiva » de Jensen,* trad. M. Bonaparte, Paris, Gallimard, 1971.

(1907*b*) « Zwangshandlungen und Religionsübung », *G.W.,* 7, 129. (112)

Trad. : « Actes obsédants et exercices religieux » in *L'Avenir d'une illusion,* trad. M. Bonaparte, Paris, Presses universitaires de France, 1971.

(1908*e*) « Der Dichter und das Phantasieren », *G.W.,* 7, 213. (110)

Trad. : « La création littéraire et le rêve éveillé », trad. E. Marty et M. Bonaparte, *Essais de psychanalyse appliquée,* Paris, Gallimard, 1971.

1. Dans le texte, l'ouvrage a été nommé *L'Interprétation du rêve.*

(1909*b*) « Analyse der Phobie eines fünfjährigen Knaben »,
G.W., 7, 243. (65)

Trad. : « Analyse d'une phobie d'un petit garçon de cinq
ans (le petit Hans) », trad. M. Bonaparte, *Cinq psycha-
nalyses*, Paris, Presses universitaires de France, 1970.

(1910*a*) *Ueber Psychoanalyse*, Vienne, *G.W.*, 8, 3. (14, 88)

Trad. : *Cinq leçons sur la psychanalyse*, trad. Y. Le Lay,
Paris, Payot, 1973.

(1910*c*) *Eine Kindheitserinnerung des Leonardo da Vinci*,
Vienne, *G.W.*, 8, 128. (110)

Trad. : *Un souvenir d'enfance de Léonard de Vinci*, trad.
M. Bonaparte, Paris, Gallimard, 1927.

(1911*b*) « Formulierungen über die zwei Prinzipien des psychischen Geschehens », *G.W.*, 8, 230. (99)

Trad. : « Formulations sur les deux principes du cours
des événements psychiques », trad. J. Laplanche, *Psychanalyse à l'université*, n° 14, Paris, 1979.

(1912-1913) *Totem und Tabu*, Vienne, 1913. *G.W.*, 9. (112,
116, 123)

Trad. : *Totem et tabou*, trad. S. Jankélévitch, Paris, Payot,
1973.

(1913*b*) « Geleitwort zu O. Pfister *Die Psychoanalytische Me-
thode* » [Introduction à O. Pfister, *La Méthode psychanalytique*], *G. W.*, 10, 448. (118)

(1914*d*) « Zur Geschichte der psychoanalytischen Bewe-
gung », *G.W.*, 10, 44. (41, 81, 82, 87)

Trad. : « Contribution à l'histoire du mouvement psychanalytique », trad. S. Jankélévitch, *Cinq leçons sur la
psychanalyse*, Paris, Payot, 1973.

(1915*b*) « Zeitgemässes über Krieg und Tod », *G.W.*, 10,
315. (84)

Trad. : « Considérations actuelles sur la guerre et sur la
mort », trad. P. Cotet, A. Bourguignon et A. Cherki, *Essais de psychanalyse*, Paris, Payot, 1981.

(1915*c*) « Triebe und Triebschicksale », *G.W.*, 10, 210. (99)

Trad. : « Pulsions et destins des pulsions », trad.

J. Laplanche et J.-B. Pontalis, *Métapsychologie*, Paris, Gallimard, 1968.

(1915*d*) « Die Verdrängung », *G.W.*, 10, 248. (99)

Trad. : « Le refoulement », trad. J. Laplanche et J.-B. Pontalis, *Métapsychologie*, Paris, Gallimard, 1968.

(1915*e*) « Das Unbewusste », *G.W.*, 10, 264. (99)

Trad. : « L'inconscient », trad. J. Laplanche et J.-B. Pontalis, *Métapsychologie*, Paris, Gallimard, 1968.

(1919*b*) « James J. Putnam », *G.W.*, 12, 315. (88)

(1919*d*) « Einleitung zu *Zur Psychoanalyse der Kriegsneurosen* » [Introduction à *Psychanalyse des névroses de guerre*], *G.W.*, 12, 321. (93)

(1920*c*) « Dr. Anton von Freund », *G.W.*, 13, 435. (92)

(1920*g*) *Jenseits des Lustprinzips*, Vienne, *G.W.*, 13, 3. (96)

Trad. : « Au-delà du principe de plaisir », trad. J. Laplanche et J.-B. Pontalis, *Essais de psychanalyse*, Paris, Payot, 1981.

(1921*a*) « Preface to J. J. Putnam's *Addresses on Psycho-Analysis* [Préface à J. J. Putnam *Communications sur la psychanalyse*] publié en anglais, *G.W.* (en anglais), 13, 437. (88)

(1921*c*) *Massenpsychologie und Ich-Analyse*, Vienne, *G.W.*, 13, 73. (96, 117)

Trad. : « Psychologie des foules et analyse du moi », trad. P. Cotet et alii, *Essais de psychanalyse*, Paris, Payot, 1981.

(1923*b*) *Das Ich und das Es*, Vienne, *G.W.*, 13, 387. (96, 99, 117)

Trad. : « Le moi et le ça », trad. J. Laplanche, *Essais de psychanalyse*, Paris, Payot, 1981.

(1924*f*) « Kurzer Abriss der Psychoanalyse » [Bref précis de psychanalyse], *G.W.*, 13, 405. (14)

(1925*g*) « Josef Breuer », *G.W.*, 14, 562. (33)

(1926*d*) *Hemmung, Symptom und Angst*, Vienne. *G.W.*, 14, 113. (44, 122)

Trad. : Inhibition, symptôme et angoisse, trad. M. Tort, Paris, Presses universitaires de France, 1968.

(1926e) *Die Frage der Laienanalyse,* Vienne. *G.W.,* 14, 209. (119, 121)

Trad. : *La Question de l'analyse profane,* trad. P. Cotet et A. Bourguignon, Paris, Gallimard, 1984.

(1927c) *Die Zukunft einer Illusion,* Vienne, *G.W.,* 14, 325. (123)

Trad. : *L'Avenir d'une illusion,* trad. M. Bonaparte, Paris, Presses universitaires de France, 1971.

(1927e) « Fetischismus », *G.W.,* 14, 311. (122)

Trad. : « Le fétichisme », trad. D. Berger, *La Vie sexuelle,* Paris, Presses universitaires de France, 1969.

(1930a) *Das Unbehagen in der Kultur,* Vienne. *G.W.,* 14, 421. (123)

Trad. : *Malaise dans la civilisation,* trad. M. et C. Odier, Paris, Presses universitaires de France, 1971.

(1930e) « Ansprache im Frankfurter Goethe » [Allocution dans la maison de Goethe à Francfort], *G.W.,* 14, 547. (124)

(1940b [1938]) « Some Elementary Lessons in Psycho-Analysis » [Quelques leçons élémentaires de psychanalyse], *G.W.,* 17, 141. (48)

(1950a [1887-1902]) *Aus den Anfängen der Psychoanalyse,* Londres. (23, 42, 58)

Trad. : *La Naissance de la psychanalyse,* trad. A. Berman, Presses universitaires de France, 1956.

(1956a [1886]) « Bericht über meine mit Universitäts-Jubiläums Reisestipendium unternommene Studienreise nach Paris und Berlin, *in* GICKHORN, J. et R., *Sigmund Freuds* akademische Laufbahn im Lichte der Dokumente », Vienne. (21)

Trad. : « Rapport sur mes études à Paris et à Berlin », trad. A. Berman, *Revue française de psychanalyse,* 20, 3, 1956.

(1968) *Métapsychologie,* trad. J. Laplanche et J.-B. Pontalis, Paris, Gallimard. (Ce volume contient : Pulsions et destins des pulsions, Le refoulement, L'inconscient, Complément métapsychologique à la théorie du rêve, Deuil et mélancolie, Note sur l'inconscient en psychanalyse.) (99)

JENSEN, W. (1903) *Gradiva : ein pompejanisches Phantasiestück,* Dresde et Leipzig. (111)

Trad. : « Gradiva, fiction pompéienne », trad. J. Bellemin-Noël, in *J. Bellemin-Noël, Gradiva au pied de la lettre,* Paris, Presses universitaires de France, 1983.

JONES, E. (1949), *Hamlet and Œdipus,* Londres. (107, 109)

Trad. : *Hamlet et Œdipe,* trad. A.-M. Le Gall, Paris, Gallimard, 1967.

(1953) *Sigmund Freud, Life and Work,* tome I : *The Formation Years (1856-1900),* Londres et New York, The Hogarth Press. (16, 25, 46)

Trad. : *La Vie et l'œuvre de Sigmund Freud,* tome I : *La Jeunesse (1856-1900),* trad. A. Berman, Paris, Presses universitaires de France, 1958.

(1955) *Sigmund Freud, Life and Work,* tome II : *Years of Maturity (1901-1919),* Londres et New York, The Hogarth Press. (99)

Trad. : *La Vie et l'œuvre de Sigmund Freud,* tome II : *Les Années de maturité (1901-1919),* trad. A. Berman, Paris, Presses universitaires de France, 1961.

JUNG, C. G. (1907) *Ueber die Psychologie der Dementia praecox* [*Sur la psychologie de la démence précoce*], Halle. (102)

(1912) *Wandlungen und Symbole der Libido,* Leipzig et Vienne. (112)

Trad. : *Métamorphoses et symboles de la libido,* trad. L. De Vos, Paris, Aubier, s.d.

NOTHNAGEL, H. (1879) *Topische Diagnostik der Gehirnkrankheiten,* Berlin. (20)

Trad. : *Traité clinique du diagnostic des maladies de l'encéphale,* trad. P. Keraval, Paris, Delahaye, 1885.

PESTALOZZI, R. (1956) Article dans *Neue Zürcher Zeitung,* 1er juillet. (16)

RANK, O. (1912) *Das Inzest-Motiv in Dichtung und Sage* [*Le*

Thème de l'inceste dans la littérature et la légende], Vienne et Leipzig. (109)

RIE, O. et FREUD, S. (1891) voir FREUD, S. (1891*a*).

SIMMEL, E. (1918) *Kriegsneurosen und psychisches Trauma* [*Névroses de guerre et traumatisme psychique*], Munich. (39)

INDEX

Abraham, K. (voir aussi Bibliographie) 90, 102.
actes manqués 78.
Adler, A. 86, 89, 90.
affect 36, 51.
ambivalence 86, 112, 116.
amnésie
  hypnotique 31.
  infantile 56, 65, 77.
analyse profane 118, 119.
analyste 65 sq., 85, 101.
angoisse
  crise d' 43.
  rêve d' 76.
animal
  identifié au père 114.
  totémique 112 sq.
animisme 112.
Anna, O., cas d' 39.
aphasie 22, 31.
Aristote 23, 78.
association libre 68 sq., 71, 72.
Association psychanalytique

internationale (A.P.I.) 85, 91, 125.
auto-érotisme 59, 60.

Baginsky, A. 24.
Bamberger 26.
Berlin 24, 92, 125.
Bernfeld, S. 118.
Bernheim, H. 30, 37, 48.
Bible 15.
Bleuler, E. (voir aussi Bibliographie) 82, 86, 102.
Breuer, J. (voir aussi Bibliographie) 33-41, 45, 46, 53, 81.
Brill, A. A. 90.
Brücke, E. W. von 17, 18, 21, 33.
Brühl, C. 16.
Budapest 85, 92, 125.
Burghölzli, hôpital du 82, 86.

ça 99, 122.
Calcutta 85, 125.

137

caractère, formation du 63, 89.

castration, complexe de 62.

cathartique, méthode 38, 39, 42, 46, 47, 71, 93.

censure 75, 76.

Charcot, J.-M. 20, 21, 26, 34, 41.

Chrobak, R. 41.

Clark University 13, 87.

cocaïne 25, 26.

coitus interruptus 43.

Cologne 15.

communion comparée au repas totémique 116.

complexe d'Œdipe 89, 94, 107, 108, 114.

et névrose 45, 58.

surmoi héritier du 110.

compulsion de répétition 96.

condensation

dans le mot d'esprit 111.

dans le rêve 111.

Congrès de psychanalyse

de Budapest (1918) 91.

de La Haye (1920) 91.

de Lucerne (1934) 126.

de Nuremberg (1910) 85.

de Salzbourg (1908) 82.

conscience

admission à la 49.

et inconscient 53, 54, 55.

contractures hystériques 35.

contre-investissement 51.

conversion hystérique 38.

culpabilité, sentiment de 116.

cure analytique 68, 72.

Darwin, Ch. 16, 115.

démence précoce 71.

déplacement

dans le mot d'esprit 111.

dans le rêve 111.

deuil 114.

Edinger, L. 19.

Eitingon, M. 90, 92.

élaboration secondaire du rêve 76.

électrothérapie 27, 28.

Ellis, Havelock (*voir aussi* Bibliographie) 42.

Emden, J. van 90.

enfants

pervers polymorphes 64.

psychanalyse d' 65.

théories sexuelles des 61.

Éros 96, 97.

Erb, W. (*voir aussi* Bibliographie) 28.

établissements psychanalytiques 92.

Exner, S. 17.

fantasmes 35, 117.

de séduction 57, 58.

Faust (de *Goethe*) 16.

Fechner, G. T. 100.

Ferenczi, S. (*voir aussi* Bibliographie) 85, 86, 90, 92, 114.

fétichisme 122.

fille

140

paralysie
    hystérique 24, 27, 35.
    organique 24.
paranoïa 71.
Paris 21, 24, 125.
parties génitales 60.
patient 69 sq.
père, identifié à un animal
    114.
pervers polymorphes, enfants
    63, 64.
perversions 64.
Pestalozzi, R. (*voir aussi* Bi-
    bliographie) 16.
Pfister, O. pasteur 90, 118.
plaisir
    but de la sexualité 59, 63,
    64.
    de montrer 59.
    gain de 112.
    préliminaire 112.
    principe de 99, 109.
Platon 42.
point de vue topique 55.
préconscient 55, 76, 77.
primat phallique 64.
Prix Goethe 124.
protestation virile (*Adler*) 90.
psychanalyse
    aspects thérapeutiques de la
    39, 52.
    comme art de l'interpréta-
    tion 69, 75.
    comme science 34, 54, 55,
    56, 58, 98, 99, 119, 125.
    critique de la 81, 83.

des enfants 65.
    et création littéraire 109,
    110.
    et pédagogie 118.
    intérêt pour la 91.
    et rêves 77, 106.
    schismes dans la 89 sq.
psychanalytique, histoire du
    mouvement
    en Allemagne 82, 87, 106,
    125.
    en Amérique 85, 88, 89,
    125.
    en Angleterre 85, 125.
    en Autriche 85, 125.
    en France 22, 53, 105, 106,
    125.
    en Hongrie 92, 125.
    en Suisse 82, 85, 125.
psychonévrose 43.
psychose 94, 101.
puberté 56.
pulsion, s
    de mort 96, 97.
    de regarder 59.
    deux catégories de 96.
    et refoulement 50.
    sexuelle 59, 64.
    théorie des 59, 94.
Putnam, J. J. 87.

Rank, O. (*voir aussi* Biblio-
    graphie) 86, 90, 109, 117.
réalité, principe de 99, 109.
recherches sexuelles des en-
    fants 61.

141

refoulé, le 69, 95.

refoulement

déguisé en « protestation virile » 90.

et moi 95.

théorie du 50, 51, 52, 55, 62, 67, 100.

règle fondamentale de la psychanalyse 68.

Reik, Th. 90, 116.

religion et psychanalyse 113, 116.

remémoration 36.

résistance

à la théorie de la psychanalyse 84.

dans la psychanalyse 69, 72.

théorie de la 50, 55, 67.

restes diurnes 74, 77.

rêve

accomplissement de désir dans le 74, 77.

censure du 75, 76.

comme prédiction de l'avenir 73.

comparé au symptôme 73, 76.

condensation dans le 76.

contenu manifeste du 73.

déformation dans le 75.

déplacement dans le 76.

élaboration secondaire du 76.

et état de veille 47.

pensées latentes du 73, 74, 76.

symbolique du 76.

théorie du 72-78.

travail du 76, 111.

Rie, O. (*voir aussi* Bibliographie) 31.

Roheim, G. 116.

Sachs, H. 86, 90.

Salpêtrière 21, 22.

schizophrénie 86, 101.

Schopenhauer, A. 100.

science allemande 83, 84.

séduction sexuelle par un adulte 57.

sentiment d'infériorité (*Adler*) 89, 90.

sexualité 39, 42, 44, 55, 62, 84, 93, 100, 103.

sexualité infantile 56, 57, 58, 9, 63, 65, 89, 94.

Shakespeare, W. 108.

Simmel, E. (*voir aussi* Bibliographie) 39.

situation analytique 68.

Smith, W. Robertson 114.

Société des médecins (de Vienne) 26, 27.

somnambulisme hypnotique 71.

spéculation 100.

Stekel, W. 86, 90.

Strümpell, A. von 40.

sublimation 64.

suggestion

dans la psychanalyse 72

142

ŒUVRES DE SIGMUND FREUD
DANS LA MÊME COLLECTION

LA PHILOSOPHIE EN FOLIO ESSAIS

(extrait du catalogue)

Impression Brodard et Taupin
à La Flèche (Sarthe),
le 29 mai 1996.
Dépôt légal : mai 1996.
1ᵉʳ dépôt légal dans la même collection : février 1987.
Numéro d'imprimeur : 1231P-5.

ISBN 2-07-032408-7 / Imprimé en France.